DK TOP 10

KORFU

& IONISCHE INSELN

CAROLE FRENCH

DK | Penguin Random House

Highlights

Themen

Inhalt

Inseln

Reise-Infos

Die TOP10-Listen in diesem Buch sind nicht nach Rängen oder Qualität geordnet. Alle zehn Einträge sind in den Augen des Herausgebers von gleicher Bedeutung.

Umschlag Vorderseite, Buchrücken & Titelseite
Moní Panagía Vlachernón, Korfu
Umschlag Rückseite Achílleion in Korfu-Stadt, Strand von Paleokastrítsa auf Korfu, See in der Melissáni-Höhle auf Kefaloniá, Gasse in einem Dorf auf Korfu

Die Informationen in diesem TOP10-Reiseführer werden regelmäßig aktualisiert.

Angaben wie Telefonnummern, Öffnungszeiten, Adressen, Preise und Fahrpläne können sich jedoch ändern. Der Verlag kann für fehlerhafte oder veraltete Angaben nicht haftbar gemacht werden. Für Hinweise, Verbesserungsvorschläge und Korrekturen ist der Verlag dankbar. Bitte richten Sie Ihr Schreiben an:

Dorling Kindersley Verlag GmbH
Redaktion Reiseführer
Arnulfstraße 124 • 80636 München
reise@dk.com

IC
XC

Willkommen auf den Ionischen Inseln

Die sonnenverwöhnten Ionischen Inseln bieten wunderschöne Strände, traumhafte Landschaften und malerische Dörfer. Mit diesem Reiseführer werden Sie die schönsten Orte der Inseln entdecken – ob beim Bade- oder Wanderurlaub oder auf den Spuren der griechischen Kultur.

Die bezaubernde **Altstadt** von **Korfu-Stadt**, das Schloss **Achílleion** und die an Pflanzen und Tieren reiche Lagune **Korissíon** gehören zu den Hauptsehenswürdigkeiten auf **Korfu**. **Paxós** und **Antípaxos** begeistern mit bezaubernden Dörfern und traumhaften Sandstränden am türkisblauen Meer.

Auf **Lefkáda** kann man hübsche Dörfer wie **Nikiána** und den Hauptort, **Lefkáda-Stadt**, erkunden, den farbenfrohe Häuser prägen. Wanderer lockt die **Dimosári-Schlucht**, Windsurfer zieht es nach **Vasilikí**. Auf **Kefaloniá** bezaubern die schöne Hauptstadt **Argostóli**, spektakuläre Buchten wie **Kólpos Mýrtou** und faszinierende Höhlen wie **Drogaráti** und **Melissáni**. Die idyllische Insel **Itháka** gilt als Heimat des Odysseus, des Helden der griechischen Mythologie.

Zákynthos ist für die atemberaubend schönen Küstenlandschaften bekannt. Ein Besuch des Strands **Navágio** mit dem Schiffswrack ist ein unvergessliches Erlebnis, ebenso eine Bootsfahrt zu den **Blauen Grotten** an der Nordspitze der Insel.

Ob für den Kurztrip oder einen längeren Urlaub – der TOP**10** *Korfu & Ionische Inseln* zeigt Ihnen die schönsten Sehenswürdigkeiten auf dem gesamten Archipel – von den malerischen Naturschauplätzen auf Páxos bis hin zu den historischen Zeugnissen auf Zákynthos. Sechs Touren helfen Ihnen, viele Attraktionen in kurzer Zeit zu sehen. Anhand der detaillierten Karten finden Sie sich problemlos zurecht. **Viel Spaß mit diesem Reiseführer und viel Spaß auf den Ionischen Inseln!**

Im Uhrzeigersinn von oben: **Palaió Froúrio und Altstadt von Korfu-Stadt, Statue im Achílleion auf Korfu, Moní Agíou Gerasímou auf Kefaloniá, Pórto Katsíki auf Lefkáda, Ikone im Moní Faneroménis auf Lefkáda, Hafen von Fiskárdo auf Kefaloniá, Vathý auf Itháka**

Die Ionischen Inseln entdecken

Die Ionischen Inseln bezaubern mit spektakulären Landschaften, malerischen Dörfern, imposanten Burgen und prächtigen Schlössern. Bei einem zweitägigen Aufenthalt auf Korfu gewinnt man einen Eindruck von der Schönheit und dem kulturellen Reichtum der Inseln. Paxós ist ein guter Ausgangspunkt, wenn man die Inselgruppe während eines längeren Urlaubs erkunden möchte.

Das Achílleion zählt zu den Hauptsehenswürdigkeiten in Korfu-Stadt.

Zwei Tage auf Korfu

Tag ❶

Vormittags
Besichtigen Sie in **Korfu-Stadt** den **St.-Michael-und-Georg-Palast** *(siehe S. 12)*, den **Palaió Froúrio** *(siehe S. 14f)* und die **Plateía Spianáda** *(siehe S. 12)*. Kehren Sie dann in einem Café am **Listón** ein *(siehe S. 13)*.

Nachmittags
Nun erwarten Sie das **Dimarchío**, die Kirche **Agios Spyrídon**, das **Museío Antivouniótissas** und der **Néo Froúrio** *(alle siehe S. 12f)*. Abends lockt **The Venetian Well** *(siehe S. 73)*.

Tag ❷

Vormittags
Fahren Sie auf der Küstenstraße zu den Schlössern **Mon Repos** *(siehe S. 16f)* und **Achílleion** *(siehe S. 18f)*, dann landeinwärts zur Lagune **Korissíon** *(siehe S. 20f)*. Speisen Sie in **Pélekas** *(siehe S. 67)* im Restaurant Agnes. An der Strecke liegt das **Kástro Gardikíou** *(siehe S. 66)*.

Nachmittags
Besuchen Sie **Paleokastrítsa** mit der Festung **Angelókastro** *(siehe S. 66)* und den **Wildlife Walk** *(siehe S. 52)* in **Sidári**. Nach einem Bad im Meer am Strand Bataría in **Kassiópi** genießen Sie in **Angelos Bar** *(siehe S. 72)* Musik aus den 1960er Jahren.

Sieben Tage auf den Ionischen Inseln

Tag ❶

Nehmen Sie die Fähre von Korfu-Stadt nach **Gáios** auf **Paxós** *(siehe S. 65)*. Unternehmen Sie eine Bootstour zu den faszinierenden Höhlen der Insel. Verbringen Sie den Nachmittag an einem der Strände von **Antípaxos** *(siehe S. 63)*. Kehren Sie abends nach Korfu-Stadt zurück.

Tag ❷

Fahren Sie früh mit der Fähre nach Igoumenítsa. Die Autofahrt entlang der Westküste führt an Sývota *(siehe S. 76)*, Párga *(siehe S. 50)* und Préveza

Antípaxos bietet wunderschöne Strände am türkisfarbenen Meer.

Die Blauen Grotten auf Zákynthos bei einer Bootsfahrt zu erkunden, ist ein unvergessliches Erlebnis.

vorbei zur Brücke vom Festland nach **Lefkáda-Stadt**. Besichtigen Sie die Festungsruine **Agía Mávra**.

Tag ❸

Sehen Sie am Hafen von **Nikiána** *(siehe S. 75)* den morgens eintreffenden Fischerbooten zu. Wandern Sie dann in **Nydrí** *(siehe S. 76)* zum Wasserfall. Nach einem Bootsausflug nach **Meganísi** *(siehe S. 77)* genießen Sie am Strand **Pórto Katsíki** *(siehe S. 76)* den Sonnenuntergang.

Tag ❹

Per Fähre gelangen Sie von Vasilikí nach **Fiskárdo** *(siehe S. 86)* auf Kefaloniá. Bewundern Sie die venezianischen Häuser. Auf der Küstenstraße erreichen Sie **Kólpos Mýrtou** *(siehe S. 28f)*. Halten Sie auf der Fahrt nach **Argostóli** *(siehe S. 26f)* an der antiken Stätte Kráni. Speisen Sie in der **Taverna Patsouras** *(siehe S. 93)*.

Tag ❺

Besichtigen Sie bei **Sámi** die Höhlen **Drogaráti** und **Melissáni** *(siehe S. 30f)*. Fahren Sie mit dem Schiff nach **Píso Aetós** *(siehe S. 87)* auf Itháka. Weiter geht es nach **Vathý** *(siehe S. 85)* zum Essen im eleganten **Sirens Restaurant** *(siehe S. 95)*.

Tag ❻

Fahren Sie zurück nach **Sámi** *(siehe S. 85)* und weiter nach **Pessáda** mit Halt beim Moní Sissíon in **Póros** *(beide siehe S. 88)*. Von der Fähre nach **Agios Nikólaos** auf Zákynthos haben Sie Blick auf die **Blauen Grotten** *(siehe S. 97)* am Kap Skinári.

Tag ❼

Erkunden Sie **Zákynthos-Stadt** *(siehe S. 32f)* mit den von Arkaden gesäumten Straßen und besichtigen Sie die Kirche **Agíou Dionysíou** und das **byzantinische Museum**.

Highlights

Hafenpromenade von Korfu-Stadt
bei Sonnenuntergang

TOP 10 Highlights

Die Ionischen Inseln liegen vor der Westküste des griechischen Festlands. Zu der Inselgruppe gehören Korfu *(Kérkyra)*, Paxós, Antípaxos, Lefkáda, Kefaloniá, Itháka und Zákynthos. Die üppig grünen Inseln bieten zahlreiche Attraktionen wie großartige Strände und faszinierende Höhlen.

Altstadt, Korfu-Stadt 1

Der historische Kern der Inselhauptstadt zählt zum UNESCO-Welterbe. Er begeistert mit imposanten Festungen, Arkaden Pariser Stils, der hübschen Plateía Spianáda und dem eleganten St.-Michael-und-Georg-Palast *(siehe S. 12f)*.

2 Palaió Froúrio, Korfu-Stadt

Die im 14. Jahrhundert von den Venezianern ausgebaute »Alte Festung« ist ein Wahrzeichen von Korfu-Stadt. Die byzantinische Sammlung im Torhaus umfasst exquisite Ikonen und Fresken *(siehe S. 14f)*.

3 Mon Repos, Korfu-Stadt

Das für den britischen Lord-Oberkommisar der Ionischen Inseln Sir Frederick Adam erbaute Schloss war später Sommerresidenz des griechischen Königshauses. Im Park befinden sich antike Relikte *(siehe S. 16f)*.

4 Achílleion, Korfu-Stadt

Das für Kaiserin Elisabeth von Österreich-Ungarn erbaute Schloss (19. Jh.) gehörte später dem deutschen Kaiser Wilhelm II. Die Räume bergen noch viele der kaiserlichen Besitztümer *(siehe S. 18f)*.

5 Korissíon, Korfu

Die vom Meer durch Dünen getrennte Süßwasserlagune im Süden Korfus kennzeichnet eine artenreiche Flora und Fauna *(siehe S. 20f)*.

6 Lefkáda-Stadt

Die Hauptstadt der Insel Lefkáda prägen Häuser mit Holzfachwerk, hübsche Gassen, traditionelle Tavernen, außergewöhnliche Museen und ein lebhafter Hafen *(siehe S. 24f)*.

7 Argostóli, Kefaloniá

Die nach dem Erdbeben von 1953 wiederaufgebaute Inselhauptstadt bezaubert mit klassizistischen Gebäuden und von Cafés und Galerien gesäumten Plätzen *(siehe S. 26f)*.

8 Kólpos Mýrtou, Kefaloniá

Der Sandstrand in der Bucht am türkisfarbenen Meer gilt als einer der schönsten der Welt. In der Nähe befinden sich in malerischer Landschaft die hübschen Bergdörfer Divaráta und Agía Efthimía *(siehe S. 28f)*.

9 Höhlen, Kefaloniá

Auf der Insel Kefaloniá kann man faszinierende Höhlen erkunden, darunter die riesige Drogaráti und die Melissáni mit dem natürlichen See *(siehe S. 30f)*.

10 Zákynthos-Stadt

Die Hauptstadt der Insel Zákynthos wurde nach dem Erdbeben von 1953 originalgetreu im venezianischen Stil wiederaufgebaut. Klassizistische Gebäude und große Plätze prägen das elegante Stadtbild *(siehe S. 32–35)*.

TOP 10 Altstadt, Korfu-Stadt

Paläste, Museen, Gourmetrestaurants, traditionelle Tavernen und der lebhafte Hafen verleihen der Inselhauptstadt einzigartigen Charme. Die Altstadt mit kopfsteingepflasterten Plätzen und Gassen aus römischer Zeit verströmt historisches Flair. Auch venezianische Festungen, britische Herrenhäuser und Arkaden Pariser Stils gehören zum architektonischen Erbe.

1 St.-Michael-und-Georg-Palast

Der Palast *(oben)* war lange Zeit Sommerresidenz des griechischen Königshauses. Er beherbergt heute ein Museum für asiatische Kunst.

2 Casa Parlante

Das in einem klassizistischen Gebäude ansässige Museum *(links)* entführt in die Zeit der venezianischen Herrschaft: Lebensgroße bewegliche Figuren lassen den Alltag einer wohlhabenden korfiotischen Familie des 19. Jahrhunderts lebendig werden.

3 Mouseío Antivouniótissas

Die großartige Sammlung des in der Kirche Panagía Antivouniótissa untergebrachten Museums umfasst byzantinische und postbyzantische Ikonen und andere Kunstwerke.

4 Plateía Spianáda

Der größte Platz der Stadt bietet Zuflucht vor der Sommerhitze und lädt zum Joggen oder Entspannen ein. Die Straße Víktoros Doúsmani unterteilt den Platz in Ano Plateía und Káto Plateía.

5 Néo Froúrio

Die Venezianer errichteten die »Neue Festung« im 16. Jahrhundert, um die Bewehrung der Stadt zu verstärken. Das lange von der griechischen Marine genutzte Fort ist nun öffentlich zugänglich.

Infobox

Museum für asiatische Kunst (St.-Michael-und-Georg-Palast): Karte Q5; Plateía Spianáda; +30 26610 30443; Sommer: tägl. 8–20 Uhr; Winter: Mi–Mo 8.30–15.30 Uhr; Eintritt 6 € (Nov–März 3 €), ermäßigt 3 €; www.matk.gr

Casa Parlante: Karte P5; Nikifórou Theotóki 16; +30 26610 49190; März–Nov: tägl. 10–18 Uhr; Eintritt 10 €, ermäßigt 6 €, Kinder unter 5 Jahren frei; www.casaparlante.gr

Museío Antivouniótissas: Karte P4; Prosfórou 30; +30 26610 38313; Sommer: tägl. 8–19.30 Uhr; Winter: Mi–Mo 8.30–15 Uhr; Eintritt: 4 €, ermäßigt 2 €, Kinder unter 18 Jahren und Studenten frei; www.antivouniotissamuseum.gr

Néo Froúrio: Karte P1; Plateía Solomoú; +30 26610 27370; Juni–Sep: tägl. 9–20 Uhr; Eintritt 4 €

Agios Spyrídon: Karte P5; Agíou Spyrídonos; +30 26610 33059; tägl. 10–13 Uhr

Mános-Sammlung

Die Sammlung, die der korfiotische Diplomat Grigórios Mános (1850–1928) auf seinen Reisen zusammentrug, ist Herzstück des Museums für asiatische Kunst im St.-Michael-und-Georg-Palast. Die rund 11 000 Artefakte umfassen Möbel, Keramiken und Waffen sowie Miniaturen aus China, Japan und Korea. Mános setzte sich tatkräftig für die Gründung des Museums ein.

6 Listón

Die 1807 von dem Franzosen Mathieu de Lesseps nach dem Vorbild der Pariser Rue de Rivoli erbaute Häuserreihe *(oben)* mit Arkaden und eleganten Cafés ist ein prächtiges Beispiel für den Architekturstil napoleonischer Zeit.

7 Maitland Monument

Das römischen Bauten ähnelnde Denkmal (19. Jh.; *unten*) auf der Plateía Spianáda wurde zu Ehren von Sir Thomas Maitland erbaut, dem ersten Lord-Oberkommissar (1815–23) der Ionischen Inseln während des britischen Protektorats.

8 Alter Hafen

Der Alte Hafen – einst Teil der Befestigungsanlagen – zählt zu den hübschesten Orten der Altstadt. Den Hafen laufen Fähren und kleine Passagierschiffe an – große Kreuzfahrtschiffe nutzen den Neuen Hafen weiter östlich.

9 Agios Spyrídon

Die im 16. Jahrhundert erbaute Kirche ist dem Schutzpatron der Insel geweiht. Ein Silbersarg birgt die Gebeine des heiligen Spyrídon. Der Glockenturm mit roter Kuppel ist ein Wahrzeichen der Altstadt.

10 Dimarchío

Das im venezianischen Stil erbaute Rathaus beherbergte einst das bei der Inselaristokratie beliebte Teatro di San Giacomo.

Blick von Néo Froúrio über die Altstadt von Korfu-Stadt

TOP 10 Palaió Froúrio, Korfu-Stadt

Die »Alte Festung« liegt auf einer ostwärts ins Ionische Meer ragenden Halbinsel. Sie beherbergte einst fast 2000 Menschen. Die im 11. Jahrhundert von den Byzantinern erbaute Anlage wurde im 14. Jahrhundert unter venezianischer Herrschaft stärker befestigt. Die Mauern hielten 1537, 1571 und 1716 Belagerungen durch die Osmanen stand. Während des britischen Protektorats (19. Jh.) entstanden u. a. Kasernen und ein Militärkrankenhaus. Die Siedlung Korkyra, die sich in der Antike an der Stätte befand, gab der Insel Korfu *(Kérkyra)* den Namen.

2 Agios Georgiós

Das 1840 von den Briten errichtete Gebäude mit Portikus und Säulen dorischer Ordnung *(links)* erinnert an einen antiken Tempel. Seit dem Anschluss Korfus an Griechenland wird das Bauwerk als orthodoxe Kirche genutzt.

1 Schulenburg-Statue

An der zur Festung führenden Fußgängerbrücke zeigt eine Marmorstatue des venezianischen Bildhauers Antonio Corradini den Grafen von Schulenburg, der Korfu gegen die Türken verteidigte.

Infobox

Karte Q1 ■ Zugang über Víktoros Doúsmani ■ +30 26610 27935 ■ http://odysseus.culture.gr

■ Apr – Okt: tägl. 8 – 20 Uhr; Nov – März: tägl. 8.30 – 15.30 Uhr

■ Eintritt 6 €, ermäßigt 3 €

■ Das Café in der Alten Festung serviert Getränke und kleine Mahlzeiten wie Gýros und Salate. Es bietet kostenlosen WLAN-Zugang.

■ Das elegante Corfu Sailing Club Restaurant (+ 30 26610 38763; Apr – Okt: tägl. 12.30 – 23.30 Uhr; www.corfu-sailing-restaurant.com) am Hafen Mandráki lockt mit griechisch-mediterraner Küche und einer großen Auswahl an regionalen Weinen.

■ Westlich von Mandráki kann man sich an einem kleinen Kiesstrand im Meer erfrischen.

3 Haupttor & Contrafossa

Der Festungsgraben Contrafossa wurde unter venezianischer Herrschaft angelegt, um den Palaió Froúrio vom Rest der Insel zu trennen. Die den Graben überspannende Fußgängerbrücke führt zum Haupttor, das von zwei mächtigen Bastionen flankiert wird.

4 Kapelle der Madonna del Carmine

Die Säulen, die das Dach der zwischen 1636 und 1671 von den Karmeliten erbauten Kapelle tragen, stammen vermutlich von einem griechischen Tempel. In der Kapelle zeigen Wechselausstellungen historische Dokumente, Landkarten und Kunstwerke.

8 Uhrturm

Der von den Venezianern unterhalb der Castella Terra erbaute Turm *(links)* weist an jeder Seite ein Zifferblatt auf. Neben dem Uhrschlag warnte Glockengeläut vor sich nähernden Feinden wie den Osmanen oder türkischen Piraten.

Matthias Johann Graf von der Schulenburg

Der aus einem deutschen Adelsgeschlecht stammende Feldmarschall (1661–1747) wurde im 8. Venezianischen Türkenkrieg (1714–18) von der Republik Venedig mit der Verteidigung des Palaió Froúrio beauftragt. Er hielt 1716 einer siebenwöchigen Belagerung durch die Osmanen stand. In dem Krieg verlor Venedig den Peloponnes an die Türken, die Ionischen Inseln jedoch blieben Teil der Republik.

5 Byzantinische Sammlung

Im Torhaus wird eine kleine, aber beeindruckende Sammlung religiöser Kunst, darunter Mosaiken, Skulpturen und Fresken, präsentiert.

6 Bibliothek

Die während des britischen Protektorats erbauten Kasernen boten bis zu 1600 Soldaten Unterkunft. Sie sind nun eine öffentliche Bibliothek mit einer Sammlung von seltenen Werken, Manuskripten aus venezianischer Zeit sowie historischen Drucken und Karten.

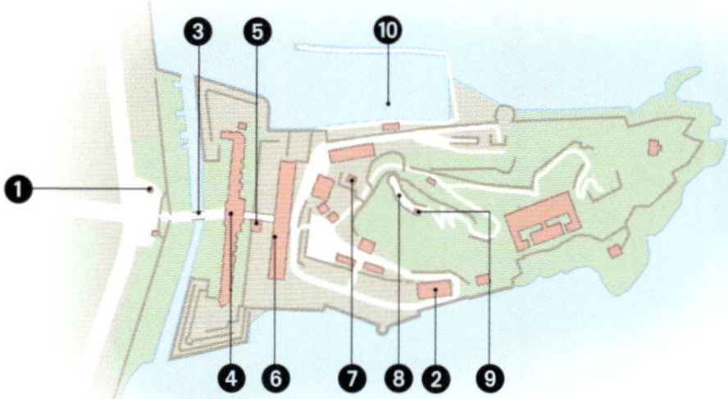

7 Castella Terra

Der höchste Punkt im inneren Bereich der Festung, den die Venezianer Castella Terra nannten, bietet eine schöne Aussicht. In der Nähe steht ein vieleckiger Brunnen. Das Erklimmen der Stufen dauert 20 bis 30 Minuten.

9 Akra Síderos

Der 1828 von den Briten im Zentrum der Festung erbaute steinerne Leuchtturm mit grünem Dach ist ein wenig baufällig, dient Schiffen aber heute noch bei der Einfahrt in Korfus Hafen zur Orientierung.

10 Mandráki

Der befestigte Hafen an der Nordseite der Halbinsel *(unten)* war einst der Haupthafen Korfus. Er ist heute Heimat des Corfu Sailing Club und Ankerplatz für elegante Yachten.

TOP 10 Mon Repos, Korfu-Stadt

Das auf der Halbinsel Análipsis erhöht gelegene Schloss, das Sir Frederick Adam während des britischen Protektorats erbauen ließ, war später Sommerresidenz des griechischen Königshauses. 1921 wurde Prince Philip, Duke of Edinburgh, in dem Schloss geboren. Von der antiken Stadt Paleópolis, die sich einst auf dem Gelände erstreckte, sind Relikte erhalten.

1 Schloss

Das elegante klassizistische Gebäude (1824; *oben*) mit mehreren Säulenreihen wurde von Sir George Whitmore errichtet, der auch den St.-Michael-und-Georg-Palast *(siehe S. 12)* entwarf. Es beherbergt heute ein Museum.

2 Park

In dem üppig bewachsenen Park *(unten)* mit altem Baumbestand bezaubern mediterrane Sträucher und Blumen. Auf dem 100 Hektar großen Gelände befinden sich freigelegte Relikte von zwei antiken Tempeln.

3 Hera-Tempel

Die Relikte des dorischen Tempels (7. Jh. v. Chr.) liegen nahe dem Schloss. Das Mauerwerk des wohl größten antiken Tempels auf Korfu bezeugt den Einsatz von hoch entwickelten Bautechniken der damaligen Zeit.

4 Römische Thermen

Die Bäder entstanden um 200 n. Chr., zur Zeit von Kaiser Septimius Severus. Sie beinhalten ein Hypokaustum – eine Heizungsanlage, in der heiße Luft zirkulierte.

Sir Frederick Adam

Sir Frederick Adam (1781–1853) wurde nach einer beeindruckenden Karriere in der britischen Armee 1824 zum zweiten Lord-Oberkommissar der Ionischen Inseln ernannt. Er ließ Mon Repos als Geschenk für seine aus Zypern stammende Frau Diamantína Palátino erbauen. 1832 verließ das Paar das Schloss, da Sir Frederick Adam nach Indien berufen wurde, um das Amt des Gouverneurs von Madras zu bekleiden.

5 Hellenistische Agora

Die Agora war in der Antike das Handelszentrum der Insel Korfu. Händler boten auf großen Steinplatten stehend ihre Waren feil.

6 Basilika von Paleópolis

Die Kirche *(oben)* mit kreuzförmigem Grundriss besaß im 5. Jahrhundert v. Chr. große Bedeutung. Die Relikte von Portikus, Querschiff und Glockenturm sind sehenswert.

7 Hafen von Alkínoos

Die Ruinen des nach einem König aus Homers *Odyssee* benannten Hafens wurden zusammen mit einer antiken Werft entdeckt. Die nahe gelegenen Gebäudereste stammen vermutlich von Häusern von Kaufleuten.

8 Museío Palaiópolis

Das im Schloss untergebrachte Museum zeigt Funde aus der Antike – z. B. dorische Säulen – sowie Kleidung, Haushaltsgegenstände und Möbel aus der Zeit des britischen Protektorats.

9 Apollon-Tempel

Die Ruinen *(oben)* lassen auf ein einst sehr imposantes Bauwerk schließen. Der dorische Tempel war vermutlich dem Gott Apollon geweiht. In der griechischen Mythologie war Apollon der Sohn des Zeus.

10 Kardáki-Tempel

Der 1822 entdeckte dorische Tempel datiert aus dem 6. Jahrhundert v. Chr. Er ist der besterhaltene auf Korfu. Die Stätte liegt am südöstlichen Hang des Parks oberhalb der Kardáki-Quelle.

Infobox

Karte Q3 ■ Análipsis / Kanóni, Korfu-Stadt

Schloss & Museío Palaiópolis: +30 26610 41369; Mi–Mo 8.30–15.30 Uhr; Eintritt 4 €, ermäßigt 2 €; http://odysseus.culture.gr

Park: tägl. 8 Uhr – Sonnenuntergang

- Die Basilika von Paleópolis, die hellenistische Agora, der Hafen von Alkínoos und die römischen Thermen liegen außerhalb des Parks.
- Eine Tafel am Haupteingang weist den Weg zu den Sehenswürdigkeiten.
- Es gibt Trinkwasser, aber keinen Verkauf von Snacks.

TOP 10 Achílleion, Korfu-Stadt

Das klassizistische Schloss wurde in den 1890er Jahren von dem italienischen Architekten Raphael Carita für Kaiserin Elisabeth von Österreich-Ungarn (»Sisi«) erbaut. Die Kaiserin liebte Korfu und besuchte das Schloss oft. Nach der Ermordung Elisabeths 1898 stand das Schloss leer, bis es 1907 der deutsche Kaiser Wilhelm II. erwarb. Es ist heute eine beliebte Sehenswürdigkeit.

1 Vestibül

Die Eingangshalle *(rechts)* wird von einer großen Marmortreppe dominiert. Zu den prächtigen Deckenverzierungen gehört das Fresko *Die Vier Jahreszeiten*.

2 *Die Vier Jahreszeiten*

Das von dem italienischen Künstler Galoppi angefertigte Fresko mit Frauenfiguren, die die vier Jahreszeiten symbolisieren, zählte angeblich zu den Schmuckstücken, die Kaiserin Elisabeth besonders schätzte.

3 Peristyl

Der Hof an der Rückseite des Schlosses zeigt zurückhaltende Eleganz. Die Säulen und Statuen, die die Musen repräsentieren *(unten)*, führen über eine Treppe zum Garten hinab.

4 Kaiserbrücke

Die im Auftrag von Wilhelm II. erbaute Bogenbrücke erleichterte den Zugang zu einem Strand auf der anderen Straßenseite. Sie wurde während der deutschen Besatzung im Zweiten Weltkrieg teilweise zerstört, ist aber ein architektonisches Wahrzeichen.

5 Kaiserzimmer

Im ehemaligen Arbeitszimmer von Kaiser Wilhelm II. sind persönliche Besitztümer des letzten deutschen Kaisers ausgestellt, zum Beispiel Dokumente, Möbel und Porträts sowie eine Sammlung von Orden.

7 Gemäldesammlung

Die Sammlung beinhaltet Porträts von Kaiserin Elisabeth und Kaiser Wilhelm II. sowie das von dem österreichischen Künstler Franz Matsch (1861–1942) geschaffene Werk *Der Triumph des Achilles (oben)*.

Achilles

Kaiserin Elisabeth widmete Schloss Achílleion dem Helden der griechischen Mythologie Achilles, der im Trojanischen Krieg den Königssohn Hektor tötete. Achilles war nach seiner Geburt von seiner Mutter in den Fluss Styx getaucht worden und nur an der Ferse, an der sie ihn festgehalten hatte, verwundbar. Achilles überlebte viele Schlachten, starb bei Troja aber durch einen Pfeil, den Hektors Bruder Paris in seine Ferse schoss.

6 Katholische Kapelle der Kaiserin Elisabeth

Es heißt, die kleine Kapelle *(rechts)* neben der Eingangshalle wurde von der Kaiserin oft zum Gebet aufgesucht. Die Kapelle ist mit einem Bildnis der Jungfrau Maria und einem wunderschönen Deckenfresko versehen.

8 Statuen im Garten

Den Schlossgarten zieren Statuen von bedeutenden Figuren der griechischen Mythologie. Die Statue der Artemis zeigt die Göttin der Jagd und des Waldes in aufrechter, kühner Haltung. Zu den Bildwerken gehört auch eine Darstellung der Aphrodite, der Göttin der Liebe, der Schönheit und der sinnlichen Begierde.

Infobox

Karte D4 ■ Gastoúri, Stadtrand von Korfu-Stadt ■ +30 26610 56210 ■ www.achillion-corfu.gr

■ Apr–Okt: tägl. 8–19 Uhr; Nov–März: tägl. 9–15.30 Uhr

■ Eintritt 8 €, ermäßigt 6 €

■ Von den Gärten, die sich oberhalb des Schlosses auf einem Hügel erstrecken, eröffnet sich eine herrliche Aussicht auf den Süden Korfus.

■ In Gastoúri gibt es einige Tavernen. An dem Kiosk am Schlosseingang werden Softdrinks und Snacks verkauft.

9 Statuen von Hera & Zeus

Kaiserin Elisabeth begeisterte sich für die griechische Mythologie. Sie ließ im ganzen Schloss Statuen von Göttern aufstellen. Am Fuß der prunkvollen Marmortreppe im Vestibül stehen Statuen der Hera und des Zeus.

10 *Sterbender Achill*

Die von dem deutschen Bildhauer Ernst Herter (1846–1917) geschaffene Bronzefigur *Sterbender Achill (rechts)* ist die wohl beeindruckendste Statue im Schlossgarten. Sie zeigt Achilles, der vergeblich versucht, den tödlichen Pfeil aus seiner Ferse zu ziehen.

Korissíon, Korfu

Von Wacholder bewachsene Dünen trennen die im Süden der Insel Korfu gelegene Lagune vom Ionischen Meer. An den Ufern liegen die Strände Agios Geórgios, Issos und Chalikoúnas, landeinwärts erstreckt sich ein uralter Zedernwald. In dem artenreichen Naturschutzgebiet gedeihen u. a. Orchideen und weiße Lilien. An der Lagune machen viele Zugvögel Station. Man kann Flussuferläufer, Enten, Schwäne und Möwen beobachten und – mit ein wenig Glück – Zwergohreulen und Bussarde sehen.

1 Chalikoúnas

Der lange, breite Sandstrand *(oben)* erstreckt sich auf dem Landstreifen, der die Lagune vom Ionischen Meer trennt. Wacholderbüsche schaffen wildromantisches Flair. Der Strand lockt Naturliebhaber an. Es gibt dort keine Tavernen.

2 Megáli Gráva

Die nahe dem Strand Chalikoúnas gelegene große Höhle wurde erst vor wenigen Jahren entdeckt. In der Höhle fand man Tierknochen sowie steinerne Werkzeuge und primitive Gefäße, die von Menschen angefertigt wurden, die vermutlich vor rund zwei Millionen Jahren – in der Altsteinzeit – in dem Gebiet lebten.

3 Agios Geórgios

Der von Olivenhainen und Zypressen gesäumte Sandstrand *(oben)* an der Südseite der Lagune wird gern zum Sonnenbaden aufgesucht. In der kleinen Ortschaft Agios Geórgios finden Besucher Unterkünfte und Tavernen vor.

4 Kástro Gardikíou

Die Burg *(unten)* ist – neben dem Angelókastro nahe Paleokastrítsa und der Burg in Kassiópi – eine von drei Festungen, die in byzantinischer Zeit (13. Jh.) auf Korfu erbaut wurden *(siehe S. 66)*.

5 Issos

An dem bei Einheimischen beliebten Sandstrand *(rechts)* kann man wunderschöne Sonnenuntergänge erleben. Issos bietet gute Wassersportmöglichkeiten – vor allem Wind- und Kitesurfer schätzen das Gebiet. Dennoch ist die Atmosphäre am Strand ruhig und entspannt.

6 Zugvögel

Enten, Schwäne und Möwen bevölkern das ganze Jahr über die Lagune. Im Frühjahr und im Herbst machen Zugvögel wie Schwalben und Silberreiher auf ihrer Reise von Afrika nach Mitteleuropa in dem Naturschutzgebiet Station. Besucher bekommen dann auch majestätische Kormorane *(rechts)* zu sehen.

7 Bioporos Organic Farm

Der Biobauernhof bietet Übernachtungsmöglichkeiten. Gemüse, Oliven, Honig und andere Zutaten, die in dem exzellenten Restaurant mit regionaler Küche verwendet werden, stammen aus eigenem Anbau. Besucher können zusehen, wenn im Holzofen Brot gebacken wird.

8 Flora

In dem Gebiet um die Lagune sind zwölf Arten von Orchideen und Lilien heimisch, darunter die seltene Strandlilie, auch Dünen-Trichternarzisse *(Pancratium maritimum)* genannt. Die weiß blühende Pflanze verströmt einen herrlichen Duft.

9 Weingut Livadiótis

Korissíon ist von Weinbergen umgeben. Livadiótis stellt aus der fast nur in dieser Region Korfus gedeihenden Rebsorte Kakotrýgis den Wein Halicoúna her. Der trockene Weißwein mit fruchtigen Aromen besitzt die hohe Qualitätsstufe PGI.

10 Zedern & Wacholder

Der im Lauf von Millionen Jahren gewachsene Zedernwald und die an den Ufern gedeihenden, oft uralten Wacholdersträucher ergänzen das an Tieren und Vögeln reiche Ökosystem der Lagune um bedeutende Habitate.

Infobox

Karte D5

Bioporos Organic Farm: Vrakaniótika, Agrapidiá, Meliteiéoi, 49080 Korfu; +30 26610 76224; Restaurant bis 2025 geschl.; www.bioporos.gr

Weingut Livadiótis: Chalikoúna, Agios Mathéos, Kastelláni Messís, 49084 Korfu

- Die im Südwesten der Insel Korfu gelegene Lagune Korissíon erreicht man am besten von dem Dorf Pélekas an der Westküste aus oder durch eine längere Fahrt von Mesongí an der Ostküste.
- In dem Gebiet bieten neben einigen Strandbars, den Tavernen im Dorf Agios Geórgios, der Bioporos Organic Farm sowie dem Weingut Livadiótis nur wenige Einrichtungen Speis und Trank.

Folgende Doppelseite Vestibül des Achílleion, Korfu-Stadt

TOP 10 Lefkáda-Stadt

Die Hauptstadt der Insel Lefkáda liegt auf einer Landzunge im Norden an einem natürlichen Hafen. Eine Brücke verbindet sie mit dem Festland. Der nach mehreren Erdbeben wiederaufgebaute Ort ist elegant und modern. Es gibt hübsche Gassen und Plätze. Die Uferpromenade säumen vornehme Restaurants, in der Fußgängerzone befinden sich schicke Läden. Der Schiffs- und der Yachthafen sind lebendige Zentren der Stadt.

1 Yachthafen

Der Yachthafen *(rechts)* im Osten der Stadt zählt zu den größten der Ionischen Inseln. Er bietet nette Bars, Restaurants und Läden sowie sämtliche Einrichtungen, die anlegende Segler benötigen.

2 Museío »Pantazís Kontomíxis«

Das exzellente kleine Museum *(oben)* präsentiert eine Sammlung von Trachten aus mehreren Jahrhunderten. Zudem sind Textilien, Webstühle und alte Fotografien ausgestellt.

3 Architektur

Nach den Zerstörungen durch das Erdbeben von 1948 entstanden die heute typischen Häuser mit Holzfachwerk und einer Verkleidung aus bunten Metallplatten.

4 Sammlung postbyzantinischer Kunst

Das Museum in einem klassizistischen Gebäude gehört zur Stadtbibliothek. Es zeigt Handschriften und Bücher sowie postbyzantinische Kunstwerke und Ikonen (17.–19. Jh.).

5 Moní Faneroménis

Das auf einem Hügel am Hafen gelegene Kloster wurde im 17. Jahrhundert gegründet. Das heutige Gebäude stammt aus jüngerer Zeit. Die älteste der im Museum präsentierten Ikonen datiert aus dem 15. Jahrhundert.

6 Mýlos

Der in einer malerischen Bucht gelegene Strand *(oben)* empfiehlt sich für einen Tagesausflug. Er ist über die Landzunge westlich der Stadt oder per Boot erreichbar.

7 Phonographisches Museum

Die außergewöhnliche Sammlung des privaten Museums umfasst alte Radios und Grammofone sowie Musikinstrumente und Partituren.

Trachten

Auf Lefkáda trugen Männer einst die *bourzaná* – eine Kombination aus kurzer Hose und weißem Hemd, das Kleid der Frauen hieß *katólo*. Diese traditionelle Kleidung ist nur noch auf Festivals zu sehen. Lefkáda ist auch für die prächtigen Brautkleider aus Seide bekannt. Die Tracht des Bräutigams besteht aus Filzhosen *(vráka)*, weißem Hemd und einer *geléki* genannten Weste.

8 Agía Mávra

Die Ruinen der Anfang des 14. Jahrhunderts erbauten Festung *(unten)* bieten bei der Fahrt über die Brücke vom Festland einen beeindruckenden Anblick.

Infobox

Karte J1

Museío »Pantazís Kontomíxis«: Agonistí Strátou Tségiou; +30 26450 25497; variierende Öffnungszeiten; Eintritt 2 €

Sammlung postbyzantinischer Kunst: Rontogiánni; +30 26450 22502; Di 8.30–13.30 Uhr & 17–19 Uhr, Mi–Sa 8.30–13.30 Uhr; Eintritt 2 €

Moní Faneroménis: Fríni; +30 26450 21305; tägl. 8–14 Uhr & 16–19 Uhr

Mýlos: Karte H1

Phonographisches Museum: Kalkáni 14; +30 26450 21088; März–Okt: tägl. 10–14 Uhr & 19–24 Uhr; Spende erbeten; www.lefkada.gr

Agía Mávra: +30 26450 26576; Mi–Mo 8–20 Uhr (Winter: bis 15 Uhr); Eintritt 3 €; www.lefkada.gr

Archäologisches Museum: Angelou Sikelianoú; +30 26450 21635; Mi–Mo 8–15.30 Uhr; Eintritt 2 €, ermäßigt 1 €; www.lefkada.gr

■ Die Straßen Ioánnou Melá und Gouliélmou Derpfeld bilden die Fußgängerzone. Sie bieten Läden und – wie auch der Hauptplatz Platía Agíou Spyrídonos – Cafés und Bars.

9 Archäologisches Museum

Lefkáda blickt auf eine lange Geschichte zurück. Die im archäologischen Museum der Stadt präsentierten Funde reichen bis in die frühe Bronzezeit zurück.

10 Agios Ioánnis

Der am Stadtrand gelegene Strand mit goldenem Sand am türkisfarbenen Meer zählt zu den schönsten der Insel. Wegen des häufig wehenden leichten Windes ist er bei Surfern äußerst beliebt.

TOP 10 Argostóli, Kefaloniá

Das an der unter Naturschutz stehenden Lagune Koútavos gelegene Argostóli ist seit 1757 Hauptstadt der Insel Kefaloniá. Das historische Stadtbild täuscht – die klassizistischen Villen, imposanten Regierungsgebäude, hübschen Kirchen und großen Plätze entstanden, nachdem Argostóli 1953 durch ein Erdbeben fast vollständig zerstört worden war. Heute bilden die von Cafés und Galerien umringte Plateía Valliánou, die Einkaufs- und Flaniermeile Lithostróto und die von Palmen gesäumte Rizospastón die lebhaften Zentren der Stadt.

Blick auf Argostóli

1 Stadtzentrum

Die Plateía Valliánou im Zentrum der Stadt zieren Palmen und eine Statue des Reeders Panagís Valliános. In der Nähe des großen Platzes liegen viele der Hauptsehenswürdigkeiten von Argostóli.

2 Koútavos

Das einstige Sumpfgebiet wurde für den Bau der De-Bosset-Brücke in eine Lagune verwandelt *(unten)*. In dem heutigen Naturschutzgebiet leben Unechte Karettschildkröten. Der Uferweg ist bei Spaziergängern und Radfahrern beliebt.

3 Nápier Park

Der Park auf dem Hügel Koutoúpi ist nach dem britischen General Sir Charles James Napier (1782–1853), Gouverneur von Kefaloniá, benannt, der die Anlage der Grünfläche förderte. Der Park ist für den reichen Bestand an Bäumen und Sträuchern bekannt.

4 Katavóthres

In der nahe dem Leuchtturm Agii Theodóroi gelegenen geologischen Formation tritt Meerwasser in Höhlen ein. Es fließt unterirdisch weiter und tritt nach ca. 14 Tagen im See in der Melissáni-Höhle nahe der Ortschaft Sámi wieder an die Oberfläche.

5 Korgialénios-Bibliothek

Das wiederaufgebaute klassizistische Gebäude der 1924 gegründeten, nach dem Mäzen Marínos Korgialénios benannten Bibliothek birgt ca. 55 000 Bücher, Manuskripte und Ikonen (die ältesten sind byzantinisch), die bei dem Erdbeben 1953 gerettet wurden.

7 De-Bosset-Brücke

Der Bau der Brücke *(links)*, die Argostóli mit den Dörfern am gegenüberliegenden Ufer verbindet, wurde 1813 von dem Offizier der britischen Armee Charles de Bosset initiiert und von Charles Napier vollendet. Das Bauwerk ist auch als Drapano-Brücke bekannt.

8 Lássi

Der moderne Badeort nahe Argostóli bietet Mittelklassehotels, schicke Tavernen und Bars, Sandstrände, Wassersportmöglichkeiten und herrliche Aussicht auf Lixoúri. Er ist bei Einheimischen beliebt.

Das Erdbeben von 1953

Das Erdbeben, das sich am 12. August 1953 auf den südlichen Ionischen Inseln ereignete, erreichte auf der Richterskala die Stärke 7,2. Es verursachte auf Zákynthos und auf Kefaloniá (die Insel hob sich dabei um geschätzt 60 Zentimeter an) immense Schäden. Argostóli wurde nahezu vollständig zerstört. Hunderte Bewohner starben, die Überlebenden hatten ihre Häuser und Einkommensquellen verloren. Das Korgialénio-Museum für Geschichte und Volkskunde erzählt vom Wiederaufbau der Stadt, bei dem alle Gebäude originalgetreu rekonstruiert wurden.

6 Korgialénio-Museum

Die Ausstellungen des Museums für Geschichte und Volkskunde informieren über die Eroberung Kefaloniás durch die Venezianer im Jahr 1500 sowie über das Erdbeben von 1953. Zudem sind Trachten und alte Werkzeuge zu sehen.

Agios Spyrídon 9

Die Kirche an der Lithostróto *(rechts)* birgt die Ikonostase, die 1953 aus der einstürzenden Kathedrale von Argostóli gerettet wurde. Agios Spyrídon ist alljährlich Startpunkt einer Prozession zum Gedenken an die Opfer des Erdbebens.

10 Kástro Agíou Georgíou

Die Ruine der im 16. Jahrhundert von den Venezianern verstärkten byzantinischen Festung und das hübsche Dorf Kástro liegen nahe der antiken Stadt Krane, die bis 1757 Inselhauptstadt war.

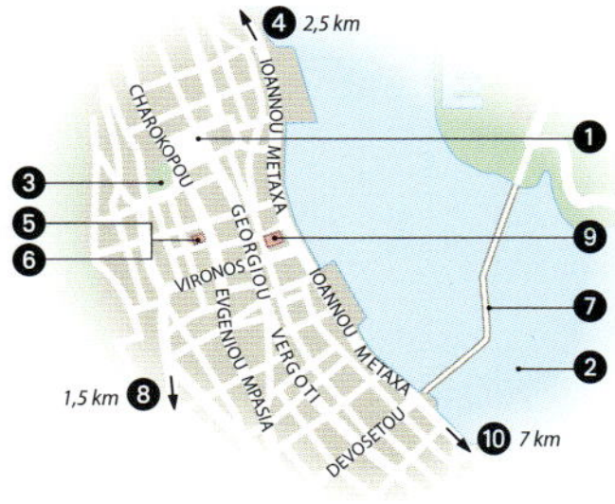

Infobox

Karte G5

Korgialénios-Bibliothek: Ilía Zervoú 12; variierende Öffnungszeiten

Korgialénio-Museum für Geschichte und Volkskunde: Ilía Zervoú 12; +30 26710 28835; tägl. 8.30–15 Uhr; Eintritt 3 €

- Das Busunternehmen KTEL bietet Verbindungen zu Sehenswürdigkeiten außerhalb von Argostóli (www.ktelkefalonias.gr).
- Die Taverne Paliá Pláka *(siehe S. 93)* bietet exzellente regionale Küche.

TOP 10 Kólpos Mýrtou, Kefaloniá

Die von Berghängen umrahmte Bucht mit dem halbkreisförmigen Strand Mýrtos am türkisfarbenen Meer gilt als eine der schönsten der Welt. Sie ist zweifellos die meistfotografierte Bucht der Ionischen Inseln. Kólpos Mýrtou wird von den beiden Bergen Agía Dynatí und Kalón Oros flankiert. Sie ist über eine Straße zu erreichen, die von dem Bergdorf Divaráta in einer Reihe von Haarnadelkurven steil abwärtsführt. Südöstlich der Bucht befindet sich der kleine lebhafte Fischerort Agía Efthimía.

1 Aussichtspunkt

Die gut ausgeschilderte Straße, die an dem Dorf Divaráta beginnt, bietet herrlichen Blick auf die Bucht *(rechts)*. Von dem Aussichtspunkt an der Strecke kann man den Anblick des weißen Strands, der üppig grünen Landschaft und des leichtend blauen Meers in Ruhe genießen.

2 Hängebirken-Wälder

Die Hügel um die Bucht sind überwiegend mit Hängebirken bewachsen. Die mittelgroßen, sommergrünen Bäume mit der charakteristischen weißen Rinde und den hellgrünen Blättern wachsen auf Kefaloniá nur in hohen Lagen.

3 Divaráta

Divaráta ist eines der auf dem Berg Agía Dynatí gelegenen Dörfer. Der malerische Ort bietet einige Tavernen. Divaráta befindet sich an der Küstenstraße, die von Kardakáta nach Fiskárdo führt.

4 Meer

Das Türkis entsteht durch die Licht reflektierenden weißen Kiesel auf dem Meeresgrund. Der Effekt wird intensiviert durch die tiefe Lage des Strands und die Brandung, die Kieselsteine nach oben spült.

5 Agía Efthimía

Das traditionelle Fischerdorf *(links)* befindet sich in der Nähe der Bucht. Es ist der Hauptort der Region Pýlaros. Vom Hafen des lebhaften Orts legen Ausflugsboote ab. Bei den Fahrten entlang der Küste genießt man fantastische Aussicht auf die Bucht.

6 Strand

Der weiße Strand *(oben)* entstand im Lauf von Jahrtausenden durch Erosion der Klippen, die die Bucht umgeben: Die zu Boden gefallenen Felspartikel wurden durch die Brandung zu Kieselsteinen geschliffen.

Corellis Mandoline

Die Bucht war Schauplatz in dem Film *Corellis Mandoline* (2001), der auf dem gleichnamigen Roman (1993) des britischen Schriftstellers Louis de Bernières basiert. Thema ist ein Massaker der Deutschen an italienischen Soldaten und der griechischen Inselbevölkerung im Zweiten Weltkrieg *(siehe S. 39)*. Buch und Film haben den Tourismus in der Bucht belebt, die trotzdem idyllisch geblieben ist.

Infobox

Karte H4

- Da die Bucht nicht erschlossen werden darf, gibt es nur wenige Einrichtungen, die Erfrischungen verkaufen.
- Den Parkplatz, der der Bucht am nächsten liegt, sollte man frühzeitig aufsuchen: Er füllt sich rasch.

7 Klippen

Die steilen Kalksteinklippen der Bucht sind äußerst beeindruckend und ein beliebtes Fotomotiv. Die weißen Felsen bilden einen starken Kontrast zum türkisfarbenen Meer.

8 Kalón Oros

Der ca. 900 Meter hohe Kalón Oros und der Berg Agía Dynatí bilden die imposante Kulisse der Bucht. Die Aussicht vom Gipfel ist herrlich. Die umliegenden Dörfer pflegen Handwerk und Traditionen.

9 Agía Dynatí

Der Überlieferung nach ist Agía Dynatí der Fels, den Kronos, der Anführer der Titanen, auf die Erde schleuderte. Mit 1100 Metern ist der Agía Dynatí nach dem Eláti/Stavrotá auf Lefkáda und dem Aínos auf Kefaloniá der dritthöchste Berg der Ionischen Inseln.

10 Tauchen & Schnorcheln

Felsen und Höhlen machen die Bucht zu einem Unterwasserparadies *(unten)*. Wegen starker Strömungen und des steil abfallenden Meeresgrunds ist allerdings Vorsicht geboten.

TOP 10 Höhlen, Kefaloniá

Die Höhlen auf Kefaloniá begeistern mit auf dem Wasser tanzenden Tageslicht und imposanten Felswänden. Drei der faszinierendsten Höhlen sind für Besucher zugänglich. Eine Bootsfahrt in die Melissáni-Höhle ist schlichtweg atemberaubend. Die Seen in der Zerváti-Höhle sind leuchtend blau. In der großen Kammer der an Stalaktiten und Stalagmiten reichen Drogaráti-Höhle werden zuweilen Konzerte veranstaltet.

1 Melissáni

Die Höhle *(rechts)* nahe Sámi wurde 1951 von dem Forscher Gianni Petrochilo entdeckt. Funde weisen sie als antike Kultstätte des Gottes Pan aus. Der durch unterirdische Zuflüsse gespeiste See erstrahlt durch einfallendes Licht tiefblau.

2 Agía Eleoúsa

Obgleich nicht besonders groß, beeindruckt die Höhle als Naturphänomen. Sie führt zu einem Salzsee, der vermutlich durch die unterirdischen Zuflüsse gespeist wird, die in den Katavóthres *(siehe S. 26)* beginnen und auch den Melissáni-See erzeugen.

3 Agios Gerásimos

Es heißt, der Schutzheilige von Kefaloniá, Agios Gerásimos, lebte nach seiner Ankunft auf der Insel 1555 fünf Jahre lang in dieser Höhle nahe Lássi. Die Höhle dient als Kapelle *(unten)*.

4 Aggaláki

Die Höhle an der von Sámi Richtung Norden führenden Hauptstraße beeindruckt mit unterirdischen Seen, riesigen Kammern und Einbuchtungen an den Wänden, die durch Erosion des Gesteins entstanden.

5 Zerváti

Die Höhle zählt wie die Aggaláki zu den größten und tiefsten in dem Gebiet um Sámi. Sie besitzt große Kammern und unterirdische Seen, von deren Grund zahlreiche Tropfsteine aufragen.

6 Agii Theódori

Die wenig bekannte Höhle bildet einen tiefen Schaft, der zu einem kleinen unterirdischen See führt. In dem See sind vermutlich Fische und Blattpflanzen heimisch.

7 Drogaráti

Die nahe Sámi gelegene Höhle *(links)* ist rund 150 Millionen Jahre alt. Besucher können von einer natürlichen Felsplattform, die »königlicher Balkon« genannt wird, Stalaktiten und Stalagmiten bewundern. In der wegen ihrer hervorragenden Akustik als »Sala of Apotheosis« bezeichneten großen Kammer finden gelegentlich Konzerte statt.

8 Sákos

Die beeindruckende Tropfsteinhöhle befindet sich in Skála in der Nähe des antiken Apollon-Tempels. Die beiden Kammern sind durch einen Tunnel verbunden. Die Fragmente von Tonwaren, Werkzeugen und anderen Gerätschaften, die in den Kammern entdeckt wurden, lassen vermuten, dass die Höhle frühzeitlichen Siedlern als Behausung diente.

9 Loízos

Die Nutzung der Höhle als Kultstätte reicht über 2000 Jahre zurück. Archäologen entdeckten nicht nur Relikte eines Heiligtums aus dem 9. Jahrhundert v. Chr., sondern auch Artefakte, die der Mykenischen Kultur, der geometrischen Zeit (900–700 v. Chr.) und der römischen Zeit zuzuordnen sind.

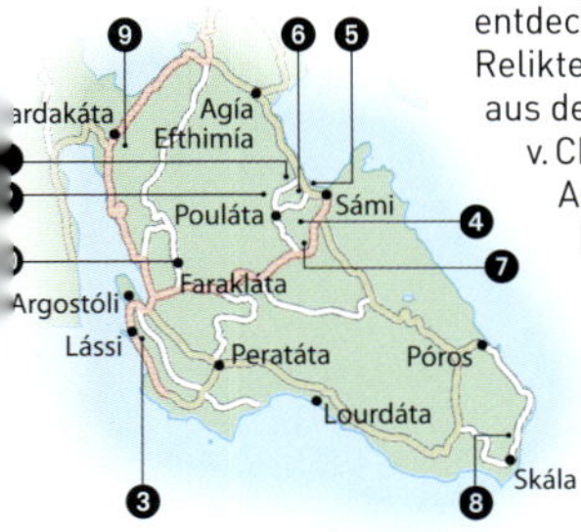

10 Farakláta

Die kleine, schwer zu erkundende Höhle liegt östlich des Dorfs Farakláta in einem Berg oberhalb der Bucht von Argostóli. Bei Ausgrabungen freigelegte Fragmente von Tongefäßen belegen, dass sie vor über 2000 Jahren als Behausung diente.

Tropfsteine

Tropfsteine, die in Höhlen von der Decke herabhängen, werden Stalaktiten genannt. Sie bilden sich durch Kalzit- und andere mineralische Ablagerungen, die durch einsickernden Regen herangeschafft werden und sich im Kontakt mit der Luft verfestigen. Stalaktiten wachsen rund zehn Millimeter in 100 Jahren. Die Stalagmiten am Boden entstehen durch die Tropfen, die von den Stalaktiten herabfallen.

Infobox

Melissáni: Karte H5; nahe Sámi; +30 26740 22997; Mai–Okt: tägl. 9–19 Uhr, Nov–Apr: Do, Sa & So 10–16 Uhr; Eintritt 7 €; www.melissani-cave.com

Agía Eleoúsa: Karte H5; nahe Sámi

Agios Gerásimos: Karte G6; Moní (Kloster) Agíou Gerasímou, Lássi

Aggaláki: Karte H5; nahe Sámi

Zerváti: Karte H5; nahe Sámi

Agii Theódori: Karte H5; nahe Sámi

Drogaráti: Karte H5; nahe Sámi; Apr–Okt: tägl. 8–20 Uhr; Eintritt 5 €, ermäßigt 3 €

Sákos: Karte J6; nahe Skála

Loízos: Karte G5; nahe Kardakáta

Farakláta: Karte H5; Farakláta

- Wer die Höhlen frühmorgens oder spätnachmittags erkundet, entgeht dem Besucheransturm.
- Vorsicht: Oft ist der Zugang zu den Höhlen steil und der Boden rutschig.

TOP 10 Zákynthos-Stadt

Beim Wiederaufbau der Hauptstadt der Insel Zákynthos nach dem Erdbeben von 1953 wurde das venezianisch-klassizistische Stadtbild rekonstruiert. Der lebhafte Hafen, die malerischen Plätze und die von Arkaden gesäumten Straßen bezaubern. In der von unberührter Natur umgebenen Stadt kommt dem Ökotourismus große Bedeutung zu. In der Nähe erstreckt sich der Meeresnationalpark von Zákynthos.

1 Klostermuseum

Das Museum *(oben)* im Kloster Agíou Dionysíou besitzt eine Sammlung von Ikonen aus dem Kloster auf der Inselgruppe Strofádes, in dem der hl. Dionýsios im 16. Jahrhundert lebte.

2 Lomvárdou

Die auch »Strata Marina« genannte Esplanade am Hafen säumen elegante Gebäude, auf dem Wasser tummeln sich Fischerboote.

4 Meeresnationalpark

Zur endemischen Flora und Fauna in dem 1999 eingerichteten Schutzgebiet gehören Mittelmeer-Mönchsrobben und Unechte Karettschildkröten. Besucher sollten von den Schildkröten zur Eiablage genutzte Strände bei Sonnenuntergang verlassen.

5 Byzantinisches Museum

Die Sammlung sakraler Kunst des Museums ist äußerst eindrucksvoll. Die Ikonen und Fresken wurden 1953 nach dem Erdbeben aus Kirchen gerettet *(siehe S. 34f)*.

3 Venezianische Festung

Die Festung wurde Mitte des 17. Jahrhunderts erbaut. Sie war eine wichtige Verteidigungsanlage. Über dem Eingang sind die Markuslöwen eingemeißelt *(oben)*.

Infobox

Klostermuseum: Karte L6; Moní Agíou Dionysíou; +30 26950 43036; Sommer: Di–So 9–13 Uhr & 14–18 Uhr; Eintritt 2 €

Lomvárdou: Karte L5

Venezianische Festung: Karte K4; Bóchali; +30 26950 48099; Mi–Mo 8.30–15.30 Uhr; Eintritt 4 €, ermäßigt 2 €

Meeresnationalpark: Karte M3; Information: Venizélou 1; +30 26950 29870; www.nmp-zak.org

Byzantinisches Museum: Karte M4; Plateía Solomoú; +30 26950 42714; Mo & Mi–So 8.30–15.30 Uhr; Eintritt 4 €, ermäßigt 2 €

Agíou Nikoláou tou Mólou: Karte M4; Plateía Solomoú

Agíou Dionysíou: Karte L6; Plateía Agíou Dionysíou

Logothétis Organic Farm: Karte M3; Vassilikós; +30 26950 35106; www.logothetisfarm.gr

Museío Solomoú: Karte L4; Plateía Agíou Márkou; +30 26950 28982; tägl. 9–14 Uhr; Eintritt 4 €

Museío Chélmi Phisikís Istoriás: Karte L2; Agía Marína; +30 26950 65040; Mitte Apr–Okt: tägl. 9–17 Uhr; Eintritt 6 €, ermäßigt 3 €; https://museumhelmis.gr

Hafen von Zákynthos-Stadt

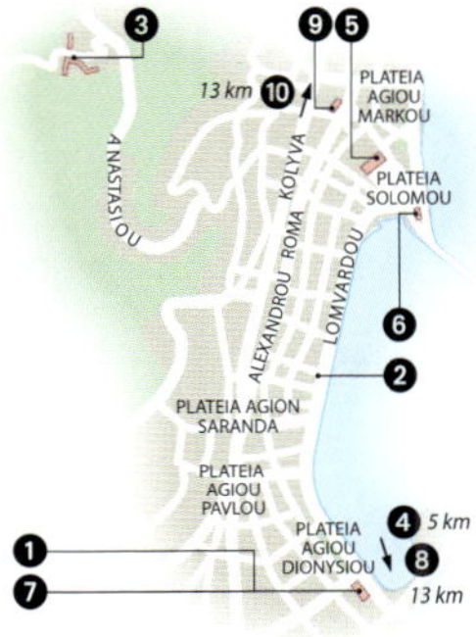

6 Agíou Nikoláou tou Mólou

Die hübsche Kirche zählt zu den wenigen venezianischen Bauwerken, die das Erdbeben von 1953 überstanden. Sie wurde Mitte des 16. Jahrhunderts erbaut.

7 Agíou Dionysíou

In der imposanten Kirche *(unten)* mit dem venezianischen Glockenturm birgt ein silbener Sarg die Gebeine des hl. Dionýsios, des Schutzheiligen von Zákynthos.

8 Logothétis Organic Farm

Auf der Ökotourismus betreibenden Farm mit Obstgärten, Olivenhainen und traditionellen Häusern können Besucher Olivenöl pressen und an Kochkursen teilnehmen.

9 Museío Solomoú

Das Museum widmet sich berühmten Bewohnern der Insel Zákynthos. Zu sehen sind u. a. das Grab von Dionýsios Solomós *(oben)* und Schriften des Dichters aus dem 19. Jahrhundert.

10 Museío Chélmi Phisikís Istoriás

Das Naturkundemuseum zeigt Ausstellungen mit Schmetterlingen, Vögeln und Muscheln.

Byzantinisches Museum

1 Modell von Zákynthos-Stadt

Das von dem einheimischen Künstler Yánni Mátesi im Maßstab 1:500 angefertigte Modell *(unten)* zeigt die Anlage und die venezianische Architektur von Zákynthos-Stadt vor der Zerstörung durch das gewaltige Erdbeben von 1953.

Modell von Zákynthos-Stadt vor 1953

2 *Kreuzabnahme*

Das von Nikólaos Kantoúnes im 15. Jahrhundert geschaffene Gemälde stammt aus der Kirche Agios Andréa ton Kípon. Es zählt zu den wertvollsten Exponaten des Museums.

3 Templon der Kirche Agíou Dimitríou in Kola

Das geschnitzte, mit Blattgold verzierte Templon aus dem Jahr 1690 grenzte den Innenraum der byzantinischen Kirche vom Bereich des Altarraums, dem Allerheiligsten, ab.

4 Tür aus der Panagía Gavaloúsa

Die aus der Kirche Panagía Gavaloúsa geborgene, gut erhaltene Tür (um 1570) bot einst Zugang zum Altarraum. Auf der linken Seite ist der Apostel Paulus mit einem geschlossenen Buch in der Hand zu sehen. Rechts ist Simon Petrus dargestellt, der eine Schriftrolle und einen Schlüssel in den Händen hält.

Templon der Kirche Agíou Dimitríou in Kola

5 *Geburt der Theotókos*

Das von Nikólaos Doxarás im 18. Jahrhundert geschaffene Gemälde schmückte einst die Decke der Kirche Panagía Faneroméni in Zákynthos-Stadt. Es zeigt die von Dienerinnen umgebene hl. Anna mit Kind, über der in einer Wolke Engel schweben.

6 Hellenistische & byzantinische Skulpturen

Zu der umfangreichen Sammlung zählen Figuren, Büsten und architektonische Artefakte. Die Exponate sind dezent beleuchtet und mit Informationstafeln versehen.

7 *Prozession der Reliquien des hl. Charálambos*

Das bedeutende Werk von Ioánnis Koraís stammt aus dem Jahr 1756. Das Bild zeigt die gesellschaftlichen Gruppen jener Zeit – darunter Kinder, Frauen, Männer, Priester und Staatsdiener – bei einer Prozession, bei der eine Ikone des hl. Charálambos auf einer Kathedra getragen wird. Das Gemälde wurde aus einer dem hl. Charálambos geweihten Kirche gerettet.

8 *Panagía Amólyntos*

Das Gemälde der Jungfrau (»*amólyntos*« bedeutet »unbefleckt«) mit Kind zierte einst eine Wand der Kirche Panagía Faneroméni in Zákynthos-Stadt. Es wird zu den bedeutenden Werken des 17. Jahrhunderts gezählt und gehört zu den wertvollsten Exponaten des byzantinischen Museums.

Panagía Amólyntos

9 *Der Prophet David*

Die leuchtenden Farben des Gemäldes (18. Jh.) von Nikólaos Doxarás sind typisch für die Heptanesische Schule, die venezianische und orthodoxe Stilelemente verband.

10 Fresko aus der Erlöserkirche

Das Fresko aus der Erlöserkirche der venezianischen Festung *(siehe S. 32)*, das die hl. Theodóte mit ihren Kindern zeigt, datiert aus dem 12. Jahrhundert. Es ist das älteste und bedeutendste Exponat des byzantinischen Museums.

Geschichte von Zákynthos

In der griechischen Mythologie ist Zákynthos, Sohn des Stammvaters der Trojaner Dárdanos, Gründer der ersten Siedlung auf der Insel, die später von König Arkisios regiert wurde, ehe Odysseus die Herrschaft übernahm. Historische Quellen belegen, dass die Insel Zákynthos im Peloponnesischen Krieg um 459 v. Chr. dem von Athen geführten Attischen Seebund beitrat. Im 8. Jahrhundert fiel Zákynthos an das Byzantinische Reich, 1185 an den König von Neapel. Im 15. Jahrhundert erlebte die Insel unter venezianischer Herrschaft eine Blütezeit. Später gehörte Zýkanthos zu Frankreich, Russland und Großbritannien. Nach dem Erdbeben von 1953 wurde die Inselhauptstadt ihrer ursprünglichen Anlage entsprechend wiederaufgebaut.

Durch das Erdbeben von 1953 breiteten sich auf Zákynthos gewaltige Risse im Boden aus.

Geschichte

1 Bis 459 v. Chr.
Herrschaft von Arkisios und Odysseus

2 ca. 459–446 v. Chr.
Beitritt zum von Athen geführten Attischen Seebund

3 ca. 700–1185
Ionische Inseln unter byzantinischer Herrschaft

4 1185–1479
Zákynthos gehört zum Königreich von Neapel

5 1479–1797
Venezianische Herrschaft

6 1797–1798
Zákynthos bildet das französische Departement Mer-Égée.

7 1798–1807
Russisches und Osmanisches Reich okkupieren Zákynthos

8 1809–1864
Kurze französische, dann britische Herrschaft

9 1864
Die Ionischen Inseln fallen an Griechenland

10 1953
Katastrophales Erdbeben

Themen

Blaue Grotten, Zákynthos

TOP 10 Historische Ereignisse

1 Ankunft von Siedlern vom griechischen Festland (700 – 500 v. Chr.)

Im 8. Jahrhundert v. Chr. trafen auf den Ionischen Inseln Siedler vom griechischen Festland ein. Die wenigen Artefakte, die von den frühen Bewohnern erhalten sind, sind in Museen auf den Inseln ausgestellt. Später gründete der mächtige antike Stadtstaat Korinth auf Korfu die Siedlung Korkyra.

Schlacht bei Aigospotamoi

2 Peloponnesischer Krieg (431 – 404 v. Chr.)

436 v. Chr. führten in der von Korkyra gegründeten Kolonie Epidamnus Adelige und demokratische Kräfte Krieg. Korkyra trat in die Kampfhandlungen ein, Korinth unterstützte den Gegner. Der Peloponnesische Bund, dem Korinth angehörte und der unter der Führung Spartas stand, und Athen, das machtpolitische Gegengewicht Spartas, schalteten sich in den Konflikt ein. Der Peloponnesische Krieg zwischen den von Athen und Sparta geführten Bündnissen endete mit Spartas Sieg.

3 Römische Eroberung (197 v. Chr.)

Die Ionischen Inseln waren ab dem 4. Jahrhundert v. Chr. Teil des Königreichs Makedonien. Nach der Unterwerfung Griechenlands durch Rom 197 v. Chr. herrschte auf den Inseln Frieden, bis nach der Eroberung Konstantinopels im vierten Kreuzzug Venedig die Inseln 1204 besetzte.

4 Venezianische Herrschaft (1204 – 1797)

Ab 1204 herrschte die Republik Venedig über die Ionischen Inseln. Die von den Venezianern errichteten massiven Festungen verhinderten die Eroberung der Inseln durch die in Griechenland einfallenden Osmanen. Das Christentum bestand fort.

5 Republik der Sieben Inseln und französische Herrschaft (1800 – 1814)

Nach der Eroberung Venedigs durch Napoléon Bonaparte 1797 gehörten die Ionischen Inseln zu Frankreich. 1798 gründeten Russland und das Osmanische Reich, die sich gegen Frankreich verbündet hatten, die Republik der Sieben Inseln. Ab dem Frieden von Tilsit 1807 bis zum Sturz Napoléons standen die Inseln erneut unter französischer Herrschaft.

6 Britisches Protektorat (1814 – 1864)

Der Pariser Vertrag (1815) sprach die Ionischen Inseln Großbritannien zu. Die britischen Lord-Oberkommissare bauten in Zusammenarbeit mit einer gewählten Versammlung die Infrastruktur der Inseln aus.

Napoléon Bonaparte

7 Angliederung an Griechenland (1864)

Nachdem Griechenland 1830 Unabhängigkeit erlangt hatte, wurde seitens der Bevölkerung der Ionischen Inseln der Wunsch nach Angliederung laut. 1864 trat Großbritannien die Inseln an das Königreich Griechenland ab.

8 Besatzung durch die Achsenmächte (1941)

Im Zweiten Weltkrieg kontrollierten die Achsenmächte Deutschland, Italien und Japan Griechenland. 1941 beanspruchte Italien das Land für sich. 1943 vertrieben deutsche Truppen die Italiener. Unter deutscher Besatzung wurde der Großteil der jüdischen Bevölkerung getötet.

Erdbebenschäden auf Zákynthos, 1953

9 Großes Erdbeben (1953)

1953 zerstörte ein Erdbeben der Stärke 7,2 auf der Richterskala einige Städte auf Zákynthos und Kefaloniá nahezu vollständig. Die Gebäude wurden erdbebensicher wiederaufgebaut.

10 Meeresnationalpark von Zákynthos (1999)

Die Einrichtung des Schutzgebiets für die endemische Flora und Fauna war ein wichtiger Impuls für den Anstieg des Umweltbewusstseins und des Ökotourismus in Griechenland.

Bedeutende Persönlichkeiten

Kaiserin Elisabeth

1 Nikólaos Doxarás
Der Maler Doxarás (1706–1775), der in seinem Werk byzantinische und venezianische Einflüsse verband, verbrachte den Großteil seines Lebens auf Zákynthos.

2 Sir Thomas Maitland
Maitland (1759–1824) war von 1815 bis 1823 der erste Lord-Oberkommissar der Ionischen Inseln.

3 Ioánnis Kapodístrias
Der auf Korfu geborene Kapodístrias (1776–1831) führte Griechenland in die Unabhängigkeit und wurde Präsident der neu gegründeten Republik.

4 Sir Frederick Adam
Adam (1781–1853) fungierte von 1824 bis 1831 als Lord-Oberkommissar der Ionischen Inseln.

5 Dionýsios Solomós
Ein Gedicht des auf Zákynthos geborenen Solomós (1798–1857) wurde zur griechischen Nationalhymne vertont.

6 Kaiserin Elisabeth von Österreich-Ungarn
»Sisi« (1837–1898) ließ in den 1890er Jahren das Achílleion auf Korfu erbauen.

7 Georg I.
König Georg I. von Griechenland (1845–1913) machte das Anwesen Mon Repos auf Korfu zu seiner Sommerresidenz.

8 Wilhelm II.
Wilhelm II. (1859–1941), der letzte deutsche Kaiser, erwarb 1907 das Schloss Achílleion auf Korfu.

9 Ioánnis Metaxás
Der auf Itháka geborene Metaxás (1871–1941) herrschte ab 1936 in Griechenland als Diktator.

10 Aristotélis Onássis
Der Reeder Onássis (1906–1975) erwarb die kleine Insel Skorpiós als Privatbesitz.

TOP 10 Mythen & Legenden

1 Odysseus, Itháka

In der griechischen Mythologie ist Itháka Heimat des Odysseus, den Homer in den Epen *Ilias* und *Odyssee* verewigte. Nach heldenhaften Taten im Trojanischen Krieg kehrte Odysseus nach langer Irrfahrt zu seiner Gemahlin Penelope zurück.

2 Korinther, Lefkáda

Lefkáda war in der Antike durch eine Landbrücke mit dem Festland verbunden. Der Sage nach trugen die Korinther, die die Stadt Leukas (heute Korfu-Stadt) gegründet hatten, den Isthmus ab, um vollständige Kontrolle über das Gebiet zu erlangen. Lefkáda wurde erst dadurch zur Insel.

Odysseus-Statue, Hafen von Itháka

3 Gorgyra, Korfu

Der griechischen Mythologie zufolge verliebte sich Poseidon in die Najade Gorgyra und verschleppte sie auf eine Insel, die er nach der Flussnymphe benannte. Der Name Koryfo (»Gipfel«), den die Insel Korfu in byzantinischer Zeit trug, geht vermutlich auf diese Sage zurück.

4 Artemis & Apollon, Zákynthos

Laut der griechischen Mythologie besaßen die Zwillinge Artemis und Apollon eine Vorliebe für die Insel Zákynthos. Es steht geschrieben, dass Artemis, die Göttin der Jagd, gern die an Tieren reichen Wälder aufsuchte, während Apollon, der Gott der Künste, im Schatten der Bäume einer Kithara zauberhafte Melodien entlockte.

5 Kardáki-Quelle, Korfu

Der Sage nach bleibt jeder Fremde, der aus der am höchsten Punkt der Halbinsel Análipsis hervorsprudelnden Quelle trinkt, sein Leben lang auf Korfu.

6 Poseidon, Paxós

Eine Sage erzählt, dass Paxós und Korfu einst vereint waren. Als der Meeresgott Poseidon zornentbrannt mit seinem mächtigen Dreizack in die Insel stach, brach sie auseinander. Deshalb liegt Paxós nun als eigene Insel südlich von Korfu.

Die Rosse des Neptun **(1893), Ölgemälde von Walter Crane**

7 Medusa, Korfu

Aus Eifersucht verwandelte die Göttin Athene eine schöne Jungfrau in die Gorgone Medusa – eine Schreckgestalt der griechischen Mythologie. Beim Anblick des Ungeheuers mit Schlangenhaupt erstarrte jeder zu Stein. Das archäologische Museum in Korfu-Stadt *(siehe S. 42)* besitzt ein Marmorbildnis der Medusa aus dem Artemis-Tempel.

8 Sappho, Lefkáda

Die um 620 v. Chr. geborene griechische Dichterin verliebte sich der Sage nach in den hässlichen Bootsführer Phaon, den Aphrodite in einen schönen Mann verwandelt hatte. Als Phaon sie zurückwies, sprang Sappho von einer Klippe am Kap Doukáto *(siehe S. 78)* in den Tod.

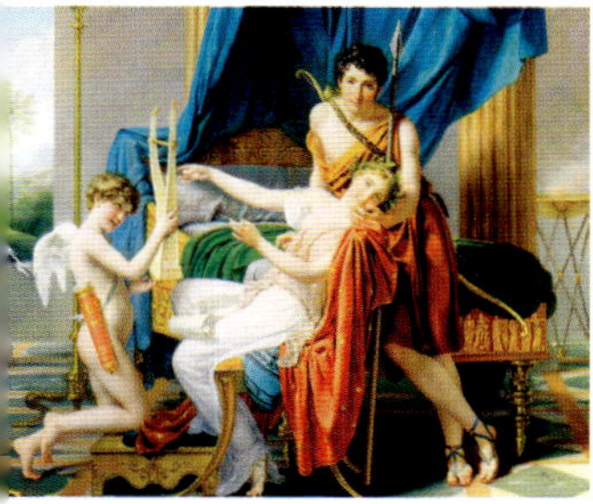

Sappho und Phaon **(1809), Ölgemälde von Jacques-Louis David**

9 Panagía Langouvárda, Kefaloniá

Angeblich kriechen jedes Jahr im August Tausende harmlose Schlangen zur Klosterkirche Panagía Langouvárda, da die Jungfrau Maria die Nonnen einst zum Schutz vor Piraten in Schlangen verwandelte. Da das Ausbleiben der Reptilien als schlechtes Omen gilt, bringen die Dorfbewohner am Marienfest Schlangen als Opfergabe dar.

10 Melissáni, Kefaloniá

Die Melissáni-Höhle *(siehe S. 30)* ist nach der Nymphe Melissáni benannt, die der Sage nach in dem See Selbstmord beging, da der Gott Pan ihre Liebe nicht erwiderte.

Historische Stätten

Palaió Froúrio, Korfu-Stadt

1 Palaió Froúrio, Korfu-Stadt
Die »Alte Festung« ist ein Wahrzeichen von Korfu-Stadt *(siehe S. 14f)*.

2 Basilika von Paleópolis
Die Kirche war im 5. Jahrhundert v. Chr. ein bedeutendes Gotteshaus *(siehe S. 17)*.

3 Mykenische Gräber von Mazarakáta, Kefaloniá
Bei Argostóli befindet sich eine Grabanlage aus mykenischer Zeit *(siehe S. 86)*.

4 Kardáki-Tempel, Korfu
Die Relikte des dorischen Tempels (6. Jh. v. Chr.) befinden sich im Park des Schlosses Mon Repos *(siehe S. 17)*.

5 Angelókastro, Korfu
Karte A3 ▪ Kríni, Korfu
Die bei Kríni, nahe Paleokastrítsa, gelegene Festung datiert aus dem 13. Jahrhundert.

6 Skála, Kefaloniá
Nahe der Ortschaft Skála befindet sich eine römische Villa (3. Jh. v. Chr.) mit gut erhaltenen Bodenmosaiken *(siehe S. 86)*.

7 Paleochóra, Itháka
Karte J4 ▪ Perachóri, Itháka
Von der einstigen Inselhauptstadt sind Relikte der mittelalterlichen Häuser und Kirchen erhalten.

8 Ekklesía tis Ypapantís, Paxós
Karte A5
Die der Darstellung des Herrn geweihte byzantinische Kirche ist vermutlich unterirdisch mit einer Grotte verbunden.

9 Kap Doukáto, Lefkáda
Auf den Klippen des Kaps befand sich der Überlieferung nach in der Antike ein Apollon-Tempel *(siehe S. 76)*.

10 Moní Agíon Fanénton, Kefaloniá
Karte H5 ▪ Sámi, Kefaloniá
Die Ruinen des Klosters bergen beeindruckende postbyzantinische Fresken.

TOP 10 Museen & Sammlungen

Fresko aus dem Kloster Agíou Andréas, byzantinisches Museum, Zákynthos

1 Byzantinisches Museum, Zákynthos-Stadt

Die Sammlung sakraler Kunst besteht aus Artefakten, die nach dem Erdbeben von 1953 aus den Kirchen und Klöstern der Insel gerettet wurden. Sie beinhaltet Ikonen, Gemälde, und Templa (Abschrankungen des Allerheiligsten). Ein Modell zeigt die elegante Inselhauptstadt vor dem Erdbeben *(siehe S. 32 & S. 34f)*.

2 Mouseío Antivouniótissas, Korfu-Stadt

Das Museum zeigt byzantinische und postbyzantinische Ikonen sowie weitere sakrale Artefakte aus dem 15. bis 20. Jahrhundert. Es befindet sich in der Panagía Antivouniótissa, einer der ältesten Kirchen auf den Ionischen Inseln *(siehe S. 12)*.

3 Museío Palaiópolis, Korfu

Das Museum im Schloss Mon Repos beschäftigt sich mit dem Alltagsleben auf Korfu in vergangenen Zeiten. Besucher erhalten auch Informationen über die Geschichte des Anwesens und die auf dem Gelände durchgeführten Ausgrabungen *(siehe S. 17)*.

4 Archäologisches Museum, Korfu-Stadt

Karte D3 ■ Armeni Vraïla 1 ■ +30 26610 30680 ■ Apr – Okt: Mi – Mo 8 – 20 Uhr; Nov – März: Mi – So 8.30 – 15.30 Uhr ■ Eintritt

Eine Marmorskulptur der Medusa (590 v. Chr.) aus dem Artemis-Tempel sowie ein im Grab des Menekrates (7. Jh. v. Chr.) entdeckter steinerner Löwe zählen zu den Highlights.

5 Archäologisches Museum, Vathý, Itháka

Karte J4 ■ Kalliníkou, Vathý, Itháka ■ +30 26740 32200 ■ Mi – Mo 8.30 – 15.30 Uhr ■ Eintritt

Die ausgestellten Metallwerkzeuge, Haushaltsgegenstände und Tongefäße reichen von der Zeit des geometrischen Stils (7. – 9. Jahrhundert v. Chr.) bis zur römischen Zeit. Viele stammen aus Píso Aetós *(siehe S. 87)*. Bemerkenswert ist eine Vase mit Inschriften, die sich auf die Göttinnen Hera und Athene beziehen.

Exponat, Museum für asiatische Kunst, Korfu-Stadt

6 Museum für asiatische Kunst, Korfu-Stadt

Im St.-Michael-und-Georg-Palast ist die Mános-Sammlung zu sehen *(siehe S. 12f)*.

7 Museío »Pantazís Kontomíxis«, Lefkáda-Stadt

Das Volkskundemuseum dokumentiert anhand von Werkzeugen, Haushaltsgegenständen und Textilien das Alltagsleben auf der Insel. Ein Saal wurde wie ein typischer Wohnraum gestaltet *(siehe S. 24f)*.

8 Archäologisches Museum, Lefkáda-Stadt

Schwerpunkt des Museums ist die Frühgeschichte der Insel Lefkáda. Die Exponate reichen bis in die frühe Bronzezeit zurück. Sie stammen aus verschiedensten Regionen der Insel *(siehe S. 25)*.

Archäologisches Museum, Lefkáda-Stadt

9 Museío Solomoú, Zákynthos-Stadt

Das Museum widmet sich berühmten Bewohnern der Insel wie dem Schriftsteller Andréas Kálvos und dem Dichter Dionýsios Solomós, von dem der Text der griechischen Nationalhymne stammt. Es zeigt Handschriften, persönliche Gegenstände und Solomós' Grab *(siehe S. 32f)*.

10 Archäologisches Museum, Stavrós, Itháka

Karte H4 ▪ Pilikáta, Stavrós, Itháka ▪ +30 26740 23955 ▪ Mi–Mo 8.30–15.30 Uhr ▪ Eintritt

Das Museum nimmt nur ein Zimmer in einem historischen Haus ein. Einige der faszinierenden Exponate datieren wohl aus der Zeit in der Antike, als in der Bucht von Polís *(siehe S. 88)* ein wichtiger Hafen lag.

Außergewöhnliche Museen

1 Phonographisches Museum, Lefkáda-Stadt
Das Privatmuseum präsentiert Schallplatten und Grammofone *(siehe S. 25)*.

2 Banknotenmuseum, Korfu-Stadt
Karte P5 ▪ Nikifórou Theotóki 32 ▪ +30 2661 041552
Die kleine Sammlung beeindruckt.

3 Casa Parlante, Korfu-Stadt
In dem Museum kann man dem Lebensstil einer reichen Familie des 19. Jahrhunderts nachspüren *(siehe S. 12)*.

4 Museío Grigoríou Xenópoulou, Zákynthos-Stadt
Karte M2 ▪ Gaïta ▪ +30 26950 45078
Das Haus, in dem der Autor Grigórios Xenópoulos aufwuchs, ist nun Museum.

5 Moní Faneroménis, Lefkáda-Stadt
Das Klostermuseum zeigt sakrale Kunst *(siehe S. 24)*.

6 Volkskundemuseum Karyá, Lefkáda
Karte H2 ▪ +30 26450 41590
Das Museum informiert über das Alltagsleben in den Bergdörfern der Insel.

7 Volkskundemuseum Gáios, Paxós
Karte B5 ▪ +30 26620 32566
Die Exponate illustrieren Paxós' Historie.

8 Museío Thalássis, Benítses, Korfu
Karte D4 ▪ Hafen von Benítses ▪ +30 26610 72227
Es sind Tausende Muscheln ausgestellt.

9 Miláneio Nautikó Museío, Tsiliví, Zákynthos
Karte L2 ▪ +30 26950 42436
Die Exponate des Schifffahrtsmuseums sind vielfältig.

10 Savonnerie Patoúnis, Korfu-Stadt
Bei der traditionellen Fertigung von Olivenölseife kann man zusehen *(siehe S. 70)*.

Savonnerie Patoúnis

TOP 10 Kathedralen & Klöster auf den Ionischen Inseln

Moní Katharón, Itháka

① Moní Katharón, Itháka

Karte H4 ■ Anogí, Itháka

Das der Jungfrau Maria geweihte Kathára-Kloster liegt herrlich abgeschieden nahe dem Dorf Anogí auf dem Berg Níritos. Es befindet sich auf 600 Metern Höhe und zählt damit zu den höchstgelegenen Klöstern auf den Ionischen Inseln.

② Kathedrale von Kefaloniá

Karte G5 ■ Argostóli, Kefaloniá

Die im Jahr 1957 erbaute Kathedrale Mitropolitikós Naós Evangelistrías ist ein relativ junges Wahrzeichen der Hauptstadt der Insel Kefaloniá. In dem griechisch-orthodoxen Gotteshaus beeindrucken Werke von Theódoros Poulákis: Der auf Kefaloniá geborene Künstler schuf einige der Ikonen und die Ikonostase.

③ Moní Platytéras, Korfu-Stadt

Karte N2 ■ Korfu-Stadt, Korfu

In dem Kloster (18. Jh.) befindet sich das Grab von Ioánnis Kapodístrias, dem ersten Staatsoberhaupt des unabhängigen Griechenland. Der Korfiote bekleidete das Amt von 1827 bis 1831. In der Nähe steht eine Statue des Politikers.

④ Kathedrale von Itháka

Karte J4 ■ Vathý, Itháka

Die griechisch-orthodoxe Kathedrale Mitropolitikós Naós tis Ithákis ist der Jungfrau Maria geweiht. Die Steinmetzarbeiten und der Glockenturm datieren von 1820. Die aus dem 18. Jahrhundert stammende Ikonostase zählt zu den schönsten auf den Ionischen Inseln.

⑤ Moní Panagías Odigítrias, Lefkáda

Karte J1 ■ Stadtrand von Lefkáda-Stadt

Das 1420 erbaute Kloster ist das älteste auf der Insel Lefkáda. Das nüchterne Äußere und die einschiffige Kirche sind charakteristisch für die Architektur des 15. Jahrhunderts. Das vorzüglich gearbeitete Holzdach ist beeindruckend.

⑥ Moní Panagía Vlachernón, Korfu

Karte D4 ■ Kanóni, Korfu

Das jahrhundertealte Kloster steht auf der winzigen Insel Vlachérna, die durch eine Brücke mit Korfu verbunden ist. Das markante weiße Gebäude liegt am Rand der wunderschönen Lagune Chalikiopoúlos.

Moní Panagía Vlachernón, Korfu

7 Moní Agíou Ioánnou Prodrómou , Zákynthos

Karte L2 ▪ Katastári, Zákynthos

Die Kapelle des abgeschieden in den Bergen gelegenen Klosters zieren Fresken und eine wunderschöne Ikonostase.

8 Kathedrale von Korfu

Karte P4 ▪ Korfu-Stadt, Korfu

Die Kathedrale ist der hl. Theodóra, einer der Schutzheiligen Korfus, geweiht. Sie wurde im 16. Jahrhundert erbaut. Die gut erhaltene, mit herrlichen Schnitzarbeiten versehene Ikonostase zieren Darstellungen der Jungfrau Maria.

Kathedrale von Korfu

9 Moní Panagías Anafonítrias, Zákynthos

Karte K2 ▪ Anafonítria, Zákynthos

Die kleine Kapelle des Klosters, in dem der hl. Dionýsios im 16./17. Jahrhundert lebte, besitzt eine mit Blattgold verzierte Ikonostase.

10 Moní Agíou Gerasímou, Kefaloniá

Karte G5 ▪ Argostóli, Kefaloniá

Das dem Schutzheiligen von Kefaloniá, Agios Gerásimos, geweihte Kloster liegt nahe dem Berg Aínos. Es birgt die Gebeine des Heiligen.

Religiöse Feste

Osterprozession, Korfu-Stadt

1 Epiphánias
Jan
Am Dreikönigstag wird an den Ufern der Inseln das Wasser gesegnet.

2 Rosenmontag
Feb / März
Die griechisch-orthodoxe Fastenzeit wird mit einer Messe begonnen.

3 Fastenzeit
März – Apr
Die meisten Bewohner der Ionischen Inseln halten sich an das Fastengebot – so wie Jesus vor Ostern fastete.

4 Karfreitag & Ostermontag
März / Apr
Es werden Prozessionen abgehalten.

5 Ostern
März / Apr
Am höchsten Fest der griechisch-orthodoxen Kirche finden Gottesdienste und Feierlichkeiten im Kreis der Familie statt.

6 Prozession der Ikone des Moní Sissíon, Kefaloniá
März / Apr
Die Prozession am Ostermontag ist ein bedeutendes Ereignis auf Kefaloniá.

7 Pfingsten
Juni
Die Entsendung des Heiligen Geistes feiert man mit Gottesdiensten und Festen.

8 Mariä Himmelfahrt
15. Aug
Es werden Gottesdienste abgehalten.

9 Weihnachten
Dez
Weihnachten wird mit Festen, Gebeten und Messen gefeiert.

10 Traditionelle Feste
Die Schutzheiligen der Inseln werden durch traditionelle Feste mit Tanz und Musik auf den Dorfplätzen verehrt.

TOP 10 Strände

Der wunderschöne Sandstrand Mýlos, Lefkáda

1 Xi, Kefaloniá

Der Strand mit feinem roten Sand liegt südlich von Lixoúri auf der Halbinsel Palikí, auf der gegenüberliegenden Seite von Argostóli. Er erstreckt sich vor einer beeindruckenden Felskulisse. Sonnenschirme spenden Schatten *(siehe S. 90)*.

2 Pórto Katsíki, Lefkáda

Der von hohen Klippen mit üppigem Grün umgebene Sandstrand in einer hufeisenförmigen Bucht gilt als einer der schönsten der Insel. Die interessanten Felsformationen laden zur Erkundung ein. Pórto Katsíki liegt nicht weit von dem bei Windsurfern beliebten Strand von Vasilikí entfernt *(siehe S. 76)*.

Pórto Katsíki, Lefkáda

3 Mýlos, Lefkáda

An dem wunderschönen Sandstrand findet man Ruhe abseits der Besucherströme. In der Nähe stehen alte steinerne Windmühlen. Den Strand erreicht man von dem lebhaften Fischerdorf Agios Nikítas *(siehe S. 78)* aus über eine Landzunge oder durch eine Bootsfahrt entlang der Küste *(siehe S. 25)*.

4 Platís Gialós & Makrís Gialós, Kefaloniá

Die beiden benachbarten Strände liegen südlich von Argostóli bei Lassí an der Westküste von Kefaloniá. An den langen Sandstreifen stehen vereinzelt Felsen. Das Meer bietet sichere Bedingungen zum Schwimmen. Man kann Wasserski fahren und windsurfen *(siehe S. 90)*.

5 Aríllas, Korfu

An dem langen Sandstrand, der sich nahe der Ortschaft Agios Stéfanos an der Westküste Korfus erstreckt, herrscht idyllische Ruhe. Dem Strand vorgelagert sind mehrere kleine, vom türkisfarbenen Meer umspülte Inseln *(siehe S. 68)*.

6 Voutoúmi, Antípaxos

Der Sandstrand liegt an der Ostküste von Antípaxos. Er ist durch einen Pfad mit dem Strand Vríka verbunden – die Strecke führt durch Weinberge, Oliven- und Zitrushaine, wie sie für die Insel typisch sind. Der Blick von Voutoúmi auf die Küste ist herrlich. Bäume spenden Schatten *(siehe S. 68)*.

7 Antísamos, Kefaloniá

Antísamos war einer der Strände auf Kefaloniá, die 2001 für den Film *Corellis Mandoline (siehe S. 29)* als Drehorte dienten. Er erstreckt sich nahe Sámi *(siehe S. 85)* an der Ostküste der Insel. Der wunderschöne weiße Kiesstrand ist von bewaldeten Hügeln umgeben, die Sicht auf die gegenüberliegende Insel Itháka bieten. Er ist bei Einheimischen beliebt *(siehe S. 90)*.

8 Vríka, Antípaxos

Vríka zählt wegen des klaren, türkisfarbenen Wassers und des goldenen Sands zu den beliebtesten Stränden auf Antípaxos. Besucher ankern oft mit Yachten und Motorbooten in der malerischen Bucht, um in dem warmen Wasser zu schwimmen *(siehe S. 68)*.

Vríka, Antípaxos

9 Gialiskári, Korfu

Gialiskári ist der schönste der Sandstrände in einer Reihe von Buchten an der Westküste Korfus. Ermones, Pélekas *(siehe S. 67)*, Myrtiótissa *(siehe S. 68)* und Agios Górdios liegen in der Nähe. Felsformationen prägen die Küste. Das Gebiet ist bei Campern beliebt *(siehe S. 68)*.

Pórto Vrómi, Zákynthos

10 Pórto Vrómi, Zákynthos

Der honigfarbene Sandbogen schmiegt sich in einer malerischen Bucht ans türkisfarbene Meer. In dieser Westküstenregion der Insel liegen weitere schöne Buchten, darunter Exo Chóra *(siehe S. 102)* und der für das Schiffswrack bekannte Strand Navágio *(siehe S. 99)*.

TOP 10 Traumhafte Natur

Drogaráti-Höhle, Kefaloniá

1 Drogaráti-Höhle, Kefaloniá

Die nahe Sámi gelegene Tropfsteinhöhle ist rund 150 Millionen Jahre alt. Zu den Hauptattraktionen gehören die Felsformation »königlicher Balkon« und die große Kammer (»Sala of Apotheosis«), die wegen ihrer hervorragenden Akustik gelegentlich für Konzerte genutzt wird *(siehe S. 31)*.

2 Megáli Gráva, Korfu

Karte C5 ▪ Westküste, Korfu

Unter den zahlreichen Höhlen auf den Ionischen Inseln ist Megáli Gráva für Archäologen von besonderem Interesse: In der Höhle getätigte Funde lassen vermuten, dass sich im Jungpaläolithikum – vor rund 22 000 Jahren – Jäger im Schutz der Felsen versammelten.

3 Melissáni-See, Kefaloniá

Der See in der Melissáni-Höhle *(siehe S. 30f)*, in dem sich Salz- und Süßwasser mischen, wird durch ein unterirdisches Zuflusssystem gespeist. Die tiefblaue Farbe geht auf den Mineralgehalt zurück. Da in dem See antike Artefakte mit Darstellungen des Gottes Pan und einiger Nymphen gefunden wurden, wurden See und Höhle nach der Nymphe Melissáni *(siehe S. 41)* benannt.

4 Aréthusa-Quelle, Itháka

Karte J4 ▪ südl. von Vathý, Itháka

Der Sage nach ist die Quelle der Ort, an dem laut Homers *Odyssee* Odysseus auf seinen treuen Gefährten, den Schweinehirten Eumaios, traf. Der Weg entlang der Schlucht zur Quelle ist für Besucher mit Höhenangst eine kleine Herausforderung.

5 Blaue Grotten, Zákynthos

Karte K1 ▪ Kap Skinári, Zákynthos

Die beiden Höhlen liegen an der Nordspitze von Zákynthos. Im einfallenden Licht leuchtet das Wasser herrlich blau. Den besten Blick auf die Höhlen genießt man bei einer Bootsfahrt von Agios Nikólaos entlang der Küste *(siehe S. 97)*.

Blaue Grotten, Zákynthos

6 Korissíon, Korfu

Sanddünen und -strände trennen die große Lagune vom Meer. In dem Gebiet leben Wasserläufer, Reiher und andere Wildtiere. Rund um den etwa fünf Kilometer langen Süßwassersee gedeiht eine üppige Vegetation *(siehe S. 20f)*.

7 Kastanída-Höhle, Paxós

Karte A5 ▪ nahe Lákka, Paxós

Die imposante Höhle liegt an der Nordwestküste von Paxós bei Lákka. Die Einfahrt mit dem Boot in die etwa 180 Meter hohe Kammer ist atemberaubend.

8 Kleine Inseln

Zu den Ionischen Inseln gehören neben den Hauptinseln über 30 kleine Inseln. Die meisten sind kahl und felsig, doch einige bieten malerische Dörfer und Strände. Zu den schönsten zählen Vído nördlich des Alten Hafens von Korfu-Stadt und Días *(siehe S. 88)* vor der Südküste von Kefaloniá. Die größte der vorgelagerten Inseln ist Meganísi *(siehe S. 77)* östlich von Lefkáda.

9 Katavóthres, Kefaloniá

Karte G5 ▪ nahe Argostóli, Kefaloniá

In der Felsformation fließt Meerwasser in ein unterirdisches Höhlensystem. Es tritt im Melissáni-See wieder hervor. Das System wurde in den 1950er Jahren entdeckt, als Forscher dem Wasser des Sees Farbstoffe zusetzten *(siehe S. 26)*.

Straße am Pantokrátoras, Korfu

10 Pantokrátoras, Korfu

Der Berg – der Name Pantokrátoras bedeutet »der Allmächtige« – im Nordosten Korfus ragt so steil empor, dass der Gipfel nur knapp drei Kilometer von der Küste entfernt liegt. Eine Serpentinenstraße führt auf die Spitze des Pantokrátoras hinauf. Der Rundumblick aus 900 Metern Höhe ist fantastisch *(siehe S. 64)*.

TOP 10 Ausflüge zum Festland

Bunt gestrichene Häuser in Párga

1 Párga

Ionian Cruises, Ethnikís Antistáseos 4, Korfu-Stadt ▪ +30 26610 38690 ▪ www.ionian-cruises.com

Die bezaubernde Hafenstadt erreicht man von Korfu-Stadt aus per Schiff in 80 Minuten. In Párga gibt es zwei kleine Strände. Rund 40 Kilometer nördlich – nahe dem Fluss Achéron, in der griechischen Mythologie ein Fluss der Unterwelt – lag einst das Nekromanteion von Ephyra, ein Totenorakel.

2 Albanien

Ionian Cruises, Ethnikís Antistáseos 4, Korfu-Stadt ▪ +30 26610 38690 ▪ www.ionian-cruises.com

In Korfu-Stadt werden Schifffahrten zur traditionellen Hafenstadt Himara und nach Saranda (Dauer jeweils 90 min.) angeboten. In der Nähe von Saranda befindet sich die Ruinenstadt Butrint, die zum Welterbe der UNESCO gehört.

3 Chlemoútsi

Levante Ferries: Platía Valliánou, Argostóli, Kefaloniá; +30 26710 25500; Hafen von Zákynthos-Stadt; +30 26950 25403; www.levanteferries.com

Von Póros auf Kefaloniá und von Zákynthos-Stadt aus gelangt man mit dem Schiff in 80 Minuten nach Kyllíni. Auf einem Hügel sechs Kilometer südlich der Stadt liegt die Burg Chlemoútsi, die von 1219 bis 1223 erbaut wurde.

4 Dodóna

Fähren von Korfu nach Igoumenítsa: Kerkyra Seaways, +30 26610 20674; www.kerkyraseaways.gr; Kerkyra Lines: +30 2661081808; https://kerkyralines.com

Das über 3000 Jahre alte Heiligtum und Orakel liegt 85 Kilometer von Igoumenítsa entfernt im Tómaros-Gebirge. Die beeindruckende Stätte beinhaltet einen Zeus-Tempel und ein Theater mit 17 000 Plätzen.

5 Olympía

Levante Ferries: Platía Valliánou, Argostóli, Kefaloniá; +30 26710 25500; Hafen von Zákynthos-Stadt; +30 26950 25403; www.levanteferries.com

Olympía war Heiligtum des Zeus und Austragungsort der antiken Olympischen Spiele. Die Stätte liegt 60 Kilometer entfernt von der Stadt Kyllíni, die man von Póros auf Kefaloniá und von Zákynthos-Stadt erreicht. In einem Museum sind Funde wie Waffen, Marmorstatuen und Keramiken ausgestellt.

Zeus-Tempel, Olympía

6 Ioánnina

Fähren von Korfu nach Igoumenítsa: Kerkyra Seaways; +30 26610 20674; www.kerkyraseaways.gr; Kerkyra Lines: +30 2661081808; https://kerkyralines.com

Die Stadt liegt 85 Kilometer von Igoumenítsa entfernt an dem See Pamvótida. Zum architektonischen Erbe zählen eine byzantinische Festung und die Aslan-Pascha-Moschee (17. Jh.). Auf der Insel im See liegen mehrere kleine Klöster, Tavernen servieren Forellen und Flusskrebse.

7 Víkos-Schlucht

Fähren von Korfu nach Igoumenítsa: Kerkyra Seaways; +30 26610 20674; www.kerkyraseaways.gr; Kerkyra Lines: +30 2661081808; https://kerkyralines.com

Die Schlucht durchzieht im 110 Kilometer von Igoumenítsa entfernten Nationalpark Víkos-Aóos das Píndos-Gebirge. Von dem Dorf Víkos führt ein vier Kilometer langer Weg durch die Schlucht nach Míkro Pápigo. Für die gesamte, gut ausgeschilderte Strecke (14 km; 6–7 Std.) von Monodéndri nach Megálo Pápigo ist eine Übernachtung einzuplanen.

Römisches Mosaik, Nikópolis

8 Nikópolis

www.visit-preveza.com

Die 40 Kilometer von Lefkáda-Stadt entfernt gelegene antike römische Stadt ist mit dem Auto zu erreichen. Sie wurde von Octavian, dem späteren Kaiser Augustus, nach seinem Sieg über Marcus Antonius und Kleopatra VII. in der Seeschlacht bei Actium gegründet. Zu den im Museum präsentierten Funden zählen beeindruckende Mosaiken.

9 Náfpaktos

Ionian Lines: von Kefaloniá (Sámi) & Itháki nach Astakós; +30 26740 22111 & +30 26740 32104; www.ionionpelagos.com

Die Hafenstadt liegt 95 Kilometer von Astakós entfernt. Stadtmauern, Burg und Hafen wurden von den Venezianern erbaut, die die Stadt Lepanto nannten. 1571 fand in den Gewässern vor Náfpaktos die Seeschlacht von Lepanto statt.

10 Mesolóngi

Ionian Lines: von Kefaloniá (Sámi) & Itháka nach Astakós; +30 26740 22111 & +30 26740 32104; www.ionionpelagos.com ■ Levante Ferries: von Kefaloniá (Argostóli) & Itháka nach Pátras; +30 26710 25500; www.levanteferries.com

Das von Pátras und Astakós rund 50 Kilometer entfernte Mesolóngi spielte während der Griechischen Revolution eine wichtige Rolle. Das Herz des englischen Dichters Lord Byron (1788–1824), der aufseiten der Griechen kämpfte, wurde auf dem Heldenfriedhof der Stadt bestattet. Die Salzpfannen und Lagunen des Nationalparks Mesolóngi sind Heimat vieler Vogelarten.

TOP 10 Kinder

Aqualand, Korfu

1 Aqualand, Korfu

Karte C3 ▪ Agios Ioánnis, Korfu ▪ +30 26610 58351 ▪ Mai–Okt: tägl. 10–18 Uhr ▪ Eintritt ▪ www.aqualand-corfu.com

Der Vergnügungspark auf einem über acht Hektar großen Gelände bietet Wasserspaß mit riesigen Rutschen und weiteren Attraktionen. Es gibt Restaurants, Umkleideräume und Ruhezonen für Erwachsene.

2 Wildlife Walk, Korfu

Karte B1 ▪ Sidári, Korfu

Der Wanderweg ist ideal für alle, die Abwechslung vom Sonnenbaden suchen. Die gut ausgeschilderte Route verläuft entlang eines Flusses und führt über mehrere Brücken.

3 Bowl 'm Over, Zákynthos

Karte L2 ▪ Tsiliví, Zákynthos ▪ +30 26950 25142 ▪ tägl. 11 Uhr bis spätabends ▪ Eintritt ▪ www.bowlmover.gr

Billard- und Airhockey-Tische, Tischfußball und vier Bowlingbahnen bieten Spaß und Unterhaltung für die ganze Familie. Auf der Terrasse und in der Gartananlage werden Getränke und kleine Mahlzeiten serviert.

4 Luna Fun Park, Zákynthos

Karte L2 ▪ Tsiliví, Zákynthos ▪ +30 26950 48035 ▪ tägl. 10 Uhr bis spätabends ▪ Eintritt ▪ www.lunafunpark.com

Ein Spielplatz mit Hüpfburg, Kletterturm und Rutschen sowie eine Laser-Arena zählen zu den Attraktionen. Es gibt Erfrischungen und eine Betreuung für Kleinkinder.

5 Fantasy Mini Golf, Zákynthos

Karte L2 ▪ Tsiliví, Zákynthos ▪ +30 26950 44543 ▪ tägl. 10 Uhr bis spätabends ▪ Eintritt ▪ www.fantasyminigolf.com

Die Anlage umfasst mehrere toll gestaltete Bahnen. Es gibt eine Bar, ein Café und einen Kinderspielplatz.

6 Glass Bottom Cefalonia Cruises, Kefaloniá

Karte G6 ▪ Hafen von Argostóli, Kefaloniá ▪ +30 26710 25775 ▪ Eintritt ▪ www.captainmakis.gr

Die Glasbodenboote steuern ein Schiffswrack bei der Insel Agios Nikólaos und die unbewohnte Insel Vardiáni an. Danach findet am Strand Xi ein Barbecue statt.

7 Marathonísi, Zákynthos

Karte M3

Die kleine Insel im Meeresnationalpark von Zákynthos wird auf Bootsrundfahrten angesteuert. Die Passagiere bekommen Unechte Karettschildkröten zu sehen.

8 Corfu Donkey Rescue, Korfu

Karte B2 ▪ nahe Doukádes, Korfu ▪ tägl. 10–16 Uhr ▪ www.corfu-donkeys.com

Auf der Anlage werden alte, kranke und verwahrloste Esel aufgepäppelt und versorgt. Kinder lieben es, die Tiere zu streicheln. Außerhalb der heißen Sommermonate Juli und August kann man die Esel auch spazieren führen.

9 *Odysseia*, Lefkáda

Karte J2 ▪ Hafen von Nydrí, Lefkáda ▪ +30 69323 10975 ▪ tägl. 6–24 Uhr ▪ Eintritt ▪ www.odysseia-lefkada.eu

Die bei Kindern beliebten Schiffstouren beinhalten einen Badeaufenthalt an der Papanikolís-Höhle und Fahrten zu den Inseln Meganísi und Skorpídi mit Barbecue und Gelegenheit zum Schnorcheln.

***Odysseia*, Lefkáda**

10 Gelina Aqua Park, Korfu

Karte C1 ▪ Acharávi, Korfu ▪ +30 26630 64000 ▪ tägl. 10–18 Uhr ▪ Eintritt ▪ www.gelinavillage.com

Der zum Resort Gelina Village gehörende große Wasserpark bietet verschiedene Schwimm- und Badebecken sowie große Rutschen. Für Kleinkinder gibt es einen eigenen Planschbereich mit Minirutschen.

Kinderfreundliche Restaurants

Taka Taka, Paxós

1 Taka Taka, Paxós
Das Restaurant bietet Platz für Kinderwagen und ein gutes Angebot an gegrilltem Fisch und Fleisch *(siehe S. 73)*.

2 Panorama, Korfu
In dem familiengeführten Restaurant in Peroulades werden mehrere Gerichte für Kinder angeboten *(siehe S. 71)*.

3 Four Seasons, Paxós
Das Café-Restaurant verwöhnt junge Besucher mit leckeren Pizzas *(siehe S. 72)*.

4 The Village Taverna, Korfu
Die auf der Terrasse servierten griechischen Speisen schmecken auch Kindern sehr gut *(siehe S. 71)*.

5 Basilico, Lefkáda
Die am Ufer gelegene Taverne in Nydrí bietet für Kinder eine eigene Karte mit griechischen Gerichten und köstlichen Desserts *(siehe S. 81)*.

6 Trata, Lefkáda
Karte J2 ▪ Nydrí, Lefkáda ▪ +30 26450 92690 ▪ €€
Kinder lieben die auf einer Gusseisenplatte zubereiteten Speisen der Taverne.

7 The Pines, Kefaloniá
Dank des großen Angebots an *mezédes* lassen sich auch für kleine Gäste die richtigen Optionen finden *(siehe S. 95)*.

8 Sirens Restaurant, Itháka
Das mit Schifffahrtsandenken dekorierte Lokal bietet internationale und traditionelle griechische Küche *(siehe S. 95)*.

9 Mouria, Zákynthos
Karte M3 ▪ Laganás, Zákynthos ▪ +30 26950 51113 ▪ €€
Die leckeren Gerichte des Restaurants am Strand sprechen auch Kinder an.

10 Flocas, Zákynthos
Die in dem Café servierten Gerichte sind bei Kindern beliebt *(siehe S. 105)*.

Preiskategorien der Restaurants siehe S. 71

TOP 10 Restaurants

Terrasse des Tassia Restaurant, Kefaloniá

1 Ambelonas, Korfu

Das Restaurant gehört zu einem Weingut, auf dem seit über 400 Jahren Weine und Olivenöl produziert werden. Zu den korfiotischen Gerichten werden hauseigene Weine ausgeschenkt. Es werden auch Kochkurse angeboten. Auf dem Anwesen befindet sich ein Wein- und Olivenölmuseum *(siehe S. 71)*.

2 Elli's, Kefaloniá

Das elegante Restaurant in einem venezianischen Kaufmannshaus bietet auch Tische im Freien. Es liegt am Kiesstrand am Hafen von Fiskárdo. Zu den exzellenten mediterranen Speisen zählen viele Fischgerichte und vegetarische Optionen. Einheimische besuchen das Restaurant gern zu festlichen Anlässen *(siehe S. 95)*.

3 Fríni sto Mólo, Lefkáda

Das Lokal, eines der besten *mezodopoleía* der Stadt, folgt der Tradition, mehrere kleine Speisen als Mahlzeit anzubieten. Das Angebot an *mezédes* beinhaltet *keftédes* (Hackfleischbällchen), *souvláki*, *taramosaláta* und *tzatzíki*. Zu den Gerichten genießt man vorzügliche Weine und Biere *(siehe S. 80)*.

4 Taverna Zólithros, Lefkáda

Die Einrichtung der am Hafen von Mikrós Gialós gelegenen Taverne mit hübscher Terrasse ist in klassischem Blau-Weiß gehalten. Die Küche ist auf Fischgerichte spezialisiert. Gäste wählen den Fisch aus dem Fang, den der Besitzer morgens getätigt hat, und genießen ihn – mit Kräutern und Gewürzen köstlich zubereitet – frisch vom Grill *(siehe S. 80)*.

5 Tassia Restaurant, Kefaloniá

Das Restaurant am Hafen von Fiskárdo wird von der renommierten Küchenchefin und Kochbuchautorin Tassía Dendrinoú geführt. Zu köstlichen Fisch- und Nudelgerichten werden erstklassige Weine angeboten *(siehe S. 95)*.

6 Essence, Zákynthos

Das Restaurant ist außerhalb des Zentrums von Kalamáki ruhig gelegen. Neben hervorragenden Hauptgerichten werden täglich wechselnde Tapas und *mezédes* angeboten. Die Einrichtung ist elegant, die Atmosphäre äußerst einladend *(siehe S. 105)*.

7 Spiros Taverna, Antípaxos

Zu den traditionellen griechischen Speisen zählen exzellente Fischgerichte und vegane Optionen. Gäste kommen außerdem in den Genuss von hervorragenden Weinen und zuvorkommendem Service. Von der malerisch am Strand Vríka gelegenen Taverne eröffnet sich eine traumhafte Aussicht auf das Ionische Meer *(siehe S. 71)*.

8 Zakanthy, Zákynthos

Das stimmungsvolle Lokal befindet sich im Zentrum von Kalamáki. Nach Einbruch der Dunkelheit genießen Gäste an den Tischen im Garten im Lichterschein eine bezaubernde Atmosphäre. Auf der Speisekarte stehen überwiegend Grillgerichte und Salate *(siehe S. 105)*.

9 Sirens Restaurant, Itháka

Das Restaurant ist auf traditionelle Gerichte der Insel Itháka, darunter Lamm mit Kartoffeln aus dem Tontopf oder Omelette mit Tomaten und Feta, spezialisiert. Zusätzlich wird internationale Küche geboten. Die Wände des Lokals sind mit Bildern und Andenken aus dem Bereich der Seefahrt dekoriert *(siehe S. 95)*.

10 Poseidon, Itháka

Das in einem weiß getünchten Kaufmannshaus nahe dem Hafen von Vathý untergebrachte Lokal serviert Fischgerichte und Seafood wie Tintenfisch, Hummer und Schwertfisch sowie hausgemachte Pasteten und Fleischgerichte vom Holzkohlegrill. Die kunstvoll angerichteten Speisen sorgen für Gaumen- und Augenschmaus *(siehe S. 95)*.

Souvláki – Fleischspieße vom Grill

Mezédes

Dolmádes – gefüllte Weinblätter

1 *Dolmádes*
Die mit Reis und Lammhackfleisch gefüllten Weinblätter sind ein typisch griechisches Gericht.

2 *Taramosaláta*
Die hellrosa oder weiße Creme wird aus Fischrogen, Weißbrot, Olivenöl und Zitronensaft zubereitet.

3 *Tahíni*
Die Paste aus fein gemahlenen Sesamsamen, Knoblauch und Zitronensaft passt hervorragend zu Salat.

4 *Kreatópita*
Die kleinen Teigtaschen mit einer Füllung aus Fleisch und Kräutern sind eine Spezialität aus Kefaloniá.

5 *Choriátiki saláta*
Der Bauernsalat besteht aus Tomaten, Gurken, Paprika, Oliven, Schafskäse und Zwiebeln. Er wird mit Dill garniert.

6 *Souvláki*
Die über Holzkohle gegrillten Spieße mit Schweinefleisch, das in Kräuter und Zitronensaft eingelegt wurde, zählen zu den beliebtesten griechischen Speisen.

7 *Revithosaláta*
Die auch als *hummus* bekannte Creme enthält Kichererbsen, Knoblauch und Koriander.

8 *Melitzanosaláta*
Im Ofen gegarte Auberginen werden mit Knoblauch, Olivenöl und Zitronensaft zu einer Creme verarbeitet.

9 *Tzatzíki*
Der erfrischende Dip aus Joghurt, Gurkenstückchen und Knoblauch lässt sich mit fast allen Gerichten kombinieren.

10 *Skordaliá*
Der Dip aus gekochten, zerdrückten Kartoffeln, Knoblauch und Zitronensaft ist ein Klassiker auf den Ionischen Inseln.

TOP 10 Kostenlose Attraktionen auf den Ionischen Inseln

Kunsthandwerk, Korfu-Stadt

1 Kunsthandwerk

Es lohnt sich, nach den Plakaten Ausschau zu halten, die auf die Kunsthandwerksmärkte hinweisen, die einmal im Monat an Sonntagen in den Häfen der Ionischen Inseln stattfinden. Beim Bummel gibt es viel Schönes zu sehen. Wer ein Souvenir erstehen möchte, wird auch in Läden wie der IN Gallery und Annikas Greek Handicrafts *(siehe S. 92)* auf Kefaloniá fündig.

2 Sonnenuntergänge

Auf den Ionischen Inseln kann man herrliche Sonnenuntergänge erleben. Die Strände von Pélekas auf Korfu und von Kerí auf Zákynthos zählen zu den besten Aussichtspunkten.

3 Veranstaltungen

Es macht Spaß, sich beim Achílleion-Marathon *(siehe S. 59)* in Korfu-Stadt unter die Zuschauer zu mischen. Die Veranstaltung beginnt mit einer Parade durch die Altstadt, nach dem Lauf wird mit Musik und Tanz gefeiert. Ähnliche kostenlose Veranstaltungen gibt es überall auf den Ionischen Inseln.

4 Festivals

Auf den Ionischen Inseln finden das ganze Jahr über Festivals statt. In der Osterzeit wird das höchste Fest der griechisch-orthodoxen Kirche mit mehrtägigen Feierlichkeiten begangen. Besucher können Prozessionen beiwohnen und Livemusik genießen *(siehe S. 45)*.

5 Museen

Viele Museen auf den Ionischen Inseln, darunter das byzantinische Museum in Zákynthos-Stadt *(siehe S. 32 – 25)* und das archäologische Museum in Lefkáda-Stadt *(siehe S. 25)*, kann man am Internationalen Museumstag um den 18. Mai kostenlos besuchen. Die meisten Museen erheben zudem an einem Sonntag im Monat keinen Eintritt.

6 Feste zu Ehren der Schutzheiligen

Die Schutzheiligen der Inseln werden mit Festen geehrt. Die Bewohner von Zákynthos geben an den Festtagen des hl. Dionýsios (24. Aug & 17. Dez) kostenlos Speisen und Wein an Besucher aus.

Sonnenuntergang bei Zákynthos

7 Spaziergänge & Wanderungen

In den Fremdenverkehrsbüros auf den Ionischen Inseln sind kostenlose Karten für Stadtrundgänge und Wanderungen – von leicht zu bewältigenden Strecken bis zu anspruchsvollen Touren – erhältlich.

8 Karneval

Der griechische Karneval *(apókries)* wird auf den Ionischen Inseln ausgelassen gefeiert. In der Woche vor Beginn der Fastenzeit finden Feste mit traditionellen Tänzen statt. Viele Einheimische, vor allem die Kinder, tragen Kostüme. Besucher sind bei den Feierlichkeiten herzlich willkommen.

Moní Agíou Gerasímou, Kefaloniá

9 Klöster

Die Klöster auf den Ionischen Inseln erheben in der Regel keinen Eintritt. Sie bergen kunstvoll gearbeitete Ikonen und Grabmäler. Heiligenfeste und Jahrestage werden oft mit speziellen Veranstaltungen begangen. Das Kathára-Kloster *(siehe S. 44)* gedenkt z. B. am Vorabend des 7. September der wundersamen Errettung einer Marienikone aus einem Feuer mit einem Festessen, an dem man gratis teilnehmen kann.

10 Historische Viertel

Bei Spaziergängen in den Inselhauptstädten taucht man in die Geschichte ein. Korfu-Stadt und Lefkáda-Stadt besitzen ein reiches Erbe. Zákynthos-Stadt und Argostóli wurden nach dem Erdbeben von 1953 originalgetreu wiederaufgebaut.

Die Ionischen Inseln für wenig Geld

Lebensmittelladen, Korfu

1 Selbstversorger kaufen in großen Supermärkten günstiger ein – Mini-Märkte in Ferienanlagen sind meist überteuert. Obst und Gemüse ersteht man am besten auf Lebensmittelmärkten.

2 Von April bis Mai und im Oktober sind Flüge auf die Ionischen Inseln preiswerter. Für Unterkunft und Mietwagen muss man ebenfalls weniger Geld ausgeben.

3 Für einen Tag einen Wagen zu mieten, ist oft günstiger, als ein Taxi zu nutzen.

4 Studenten, Schüler und Senioren erhalten gegen Ausweisvorlage beim Besuch von Museen und archäologischen Stätten oft Ermäßigungen.

5 An Urlauber gerichtete Restaurants – erkennbar an den mehrsprachigen Speisekarten – sind meist teurer als von Einheimischen frequentierte Lokale.

6 Regionale Weine vom Fass *(apó to varéli)* sind günstiger als Flaschenweine. Tavernen bieten sie in Krügen an.

7 Seafood und Fisch sind in Restaurants meist die teuersten Gerichte. Tintenfisch *(kalamáki)* und Stints *(marídes)* empfehlen sich als preiswerte Optionen.

8 Griechische Spirituosen und Biere sind in Bars und Läden günstiger als importierte Marken.

9 In nahezu jedem Resort gibt es mindestens eine Bar, die am frühen Abend Drinks zum halben Preis anbietet.

10 Besucher aus Nicht-Euro-Ländern sollten für den Geldwechsel Bankautomaten statt Wechselstuben nutzen.

TOP 10 Feste & Festivals

Tänzer in Tracht bei einem Volksfest

1 Karneval
Feb / März

Vor Beginn der Fastenzeit wird auf den Inseln eine Woche lang Karneval gefeiert. Den Höhepunkt bilden Umzüge mit Festwagen. Feiernde aller Altersgruppen, vor allem aber Kinder, tragen Kostüme und Masken.

Agios-Spyrídon-Prozession, Korfu-Stadt

2 Agios-Spyrídon-Prozession, Korfu-Stadt
Palmsonntag, Karsamstag, 11. Aug & erster So im Nov

Der Schrein mit den sterblichen Überresten des Schutzpatrons von Korfu wird durch die Hauptstadt getragen. Dem Glauben nach bewahrte Agios Spyrídon die Insel vor der Pest und vor der Invasion der Türken.

3 Karsamstag, Korfu-Stadt
März / Apr

Die Feier der »Ersten Auferstehung« beinhaltet in Korfu-Stadt einen einzigartigen Brauch: Am Karsamstag werden um 11 Uhr unter Jubelrufen riesige, mit Wasser gefüllte Tongefäße *(botídes)* von den festlich dekorierten Balkonen der Gebäude an der Plateía Spianáda geworfen.

4 Volksfeste
Mai – Aug

In Griechenland richtet jedes Dorf mindestens einmal im Jahr ein Fest aus. Die Dorfbewohner kommen mit ihren Freunden und Nachbarn zum Essen zusammen. Häufig werden traditionelle Tänze dargeboten.

5 Enosis-Feier
21. Mai

Der Jahrestag der 1864 vollzogenen Angliederung der Ionischen Inseln an Griechenland *(siehe S. 39)* wird mit Volkstänzen, Konzerten und anderen Kulturveranstaltungen gefeiert. Die Gemeindemitglieder versammeln sich auf den Dorfplätzen, um das Unterhaltungsprogramm und regionale Speisen zu genießen.

6 Kulturfestivals
Juli & Aug

Vielerorts finden Musik-, Tanz-, Literatur-, Kunst- und Theaterfestivals statt. Bekannt sind das Theaterfestival auf Kefaloniá, das Kunst- und Literaturfestival auf Lefkáda und das Theater- und Musikfestival auf Itháka.

7 Agios-Gerásimos-Prozession, Kefaloniá
16. Aug & 20. Okt

Geehrt wird der Schutzpatron Kefaloniás, der die Inselbewohner dem Glauben nach vor Krankheit schützt.

8 Ochi-Tag
28. Okt

Der gesetzliche Feiertag erinnert daran, dass der griechische Premierminister Metaxás 1940 dem Ultimatum des italienischen Diktators Mussolini mit *»óchi!«* (»nein!«) begegnete und damit die Besetzung Griechenlands durch die Achsenmächte verhinderte.

Parade am Ochi-Tag

9 Gedenktage der Schutzheiligen

In jeder Ortschaft werden die Schutzheiligen mit Gottesdiensten und anschließenden Zusammenkünften bei Musik, Tanz und regionalen Spezialitäten gefeiert.

10 Weinfeste

Die Weinernte wird auf den Ionischen Inseln mit Festen und Livemusik gefeiert, u. a. in Fragkáta auf Kefaloniá, Perachóri auf Itháka, Moraïtika auf Korfu, Plános auf Zákynthos und in Lefkáda-Stadt.

Weitere Veranstaltungen

Karneval, Korfu-Stadt

1 Karneval, Korfu-Stadt
Ende Feb / Anfang März
An der Plateía Spianáda und am Listón finden Paraden statt.

2 Achílleion-Marathon, Korfu-Stadt
1. So im Juni
Das Event soll Aufmerksamkeit für die Bedeutung von Sport wecken.

3 Backgammon-Festival, Zákynthos
Ende Juni / Anfang Juli
Zahlreiche Fans des Brettspiels nehmen an dem Festival teil.

4 Cricket-Festival, Korfu-Stadt
Juli & Aug
Die Cricket-Begeisterung der Korfioten geht auf die Zeit des britischen Protektorats zurück.

5 Varkaróla, Korfu
Aug
Gefeiert wird das Ende der Belagerung Korfus durch die Türken 1716.

6 Musikfestival, Argostóli, Kefaloniá
Aug
Bands aus aller Welt geben Konzerte.

7 Weinfeste, Itháka
Aug
Inselbewohner feiern gemeinsam die vollbrachte Traubenlese.

8 Valaorítia-Festival, Nydrí, Lefkáda
Aug
Das Festival ehrt den Dichter und Politiker Aristotélis Valaorítis (1824–1879), der aus Lefkáda stammte.

9 International Folklore Festival, Lefkáda
Aug
Traditionelle Tänze und eine Parade sind Highlights des Festivals.

10 Paxós Music Festival
Sep ▪ www.paxosfestival.com
Das Festival bietet klassische Musik.

Inseln

Das bezaubernde Dorf Kióni auf Itháka

TOP 10 Korfu, Paxós & Antípaxos

Korfu, Paxós und Antípaxos bilden den nördlichen Teil der Ionischen Inseln. Korfu, nach Kefaloniá die zweitgrößte Insel des Archipels, prägen Ferienorte wie Benítses und Sidári mit modernen Hotels und lebhaften Bars ebenso wie traditionelle Bergdörfer am Pantokrátoras. Die Altstadt von Korfu-Stadt bietet Festungen und Paläste. Die kleinen Inseln Paxós und Antípaxos bezaubern mit idyllischer Natur sowie hübschen Dörfern, Buchten und Stränden.

Altstadt, Korfu-Stadt

1 Altstadt, Korfu-Stadt

Die Altstadt von Korfu-Stadt ist seit 2007 UNESCO-Welterbestätte. Sie vereint verschiedenste Architekturstile – vom französisch anmutenden Listón mit schicken Cafés und Läden über die venezianischen Gebäude an der Plateía Spianáda bis zu den ebenfalls von den Venezianern erbauten Festungen Palaió Froúrio und Néo Froúrio. Auch die Kirche Agios Spyrídon bezaubert. Der St.-Michael-und-Georg-Palast ist das älteste Amtsgebäude Griechenlands *(siehe S. 12f)*.

2 Lákka, Paxós

Karte A5

Lákka befindet sich im Norden der Insel nahe der Grotte, die vermutlich mit der Ekklesía tis Ypapantís *(siehe S. 41)* verbunden ist. Der Ort liegt vor den starken Winden des offenen Meers geschützt in einer Bucht. Er ist bei Wassersportlern beliebt. Im Westen von Lákka liegen am türkisfarbenen Meer einige ausgezeichnete Strände, vor denen man gut schwimmen kann.

Der Strand Voutoúmi, Antípaxos

3 Antípaxos

Karte B6

Die südlich von Paxós gelegene Insel zählt weniger als 60 ständige Bewohner. Von Gáios auf Paxós bestehen tägliche Fährverbindungen nach Antípaxos. Fast alle Inselbewohner besitzen eigene Boote, die in der Hochsaison oft von Besuchern gemietet werden können. Antípaxos ist eine malerische Insel mit herrlichen Sandstränden.

4 Palaió Froúrio, Korfu-Stadt

Die von den Byzantinern im 11. Jahrhundert erbaute Festung wurde von den Venezianern im 14. Jahrhundert erweitert. Im 19. Jahrhundert fügten die Briten Ergänzungen hinzu. Dadurch entstand eine faszinierende Mischung byzantinischer, mittelalterlicher und kolonialer Architektur. Zur Anlage gehören Kirchen, ein Museum und eine Bibliothek. Vom höchsten Punkt der Festung eröffnet sich ein herrlicher Blick auf Korfu-Stadt und das Festland *(siehe S. 14f)*.

Palaió Froúrio, Korfu-Stadt

5 Longós, Paxós

Karte B5

Longós liegt nördlich von Gáios an der Ostküste von Paxós. Im Hafen ankern Fischer- und Segelboote, die Tavernen an der hufeisenförmigen Bucht bereiten fangfrischen Fisch zu. In der grünen, hügeligen Landschaft hinter dem Hafen stehen hübsche Häuser.

Gerald Durrell

Durrells Familie zog 1935 nach Korfu. In den Jahren, die Durrell als Jugendlicher auf der Insel verbrachte, entdeckte er seine Begeisterung für die Tier- und Pflanzenwelt. Der britische Zoologe beschrieb diese Zeit später in seinen Büchern *Meine Familie und anderes Getier* (1956), *Vögel, Viecher und Verwandte* (1969) und *Im Garten der Götter* (1978).

6 Mon Repos, Korfu-Stadt

Das im Auftrag des zweiten Lord-Oberkommissars der Ionischen Inseln, Sir Frederick Adam, erbaute Schloss war später Sommerresidenz der griechischen Königsfamilie. Im Park befinden sich Relikte der antiken Stadt Paléopolis *(siehe S. 16f)*. Wenige Minuten von Mon Repos entfernt bietet der Aussichtspunkt Kanóni Blick auf das Kloster Panagía Vlachernón *(siehe S. 44)* und die »Mäuseinsel« Pontikonísi.

7 Pantokrátoras, Korfu

Karte C2

Der rund 900 Meter hohe Pantokrátoras ist der höchste Berg Korfus. Er liegt im Norden der Insel. Die südlichen Hänge bedecken Olivenhaine und Pinienwälder, die Nordseite besteht aus nacktem, zerklüfteten Fels. Die Aussicht vom Gipfel reicht an klaren Tagen bis Albanien.

Hafen von Longós, Paxós

8 Korissíon, Korfu

Die Lagune an der Südküste Korfus trennen Sanddünen vom Ionischen Meer. Sie ist von schönen Stränden gesäumt. Der rund fünf Kilometer lange Süßwassersee ist Lebensraum vieler Tierarten. Man kann u. a. Reiher und Wasserläufer sehen. Um die Lagune erstreckt sich eine artenreiche Flora. Korissíon erreicht man am besten von Pélekas oder Mesongí aus *(siehe S. 20f)*.

Achílleion, Korfu-Stadt

9 Achílleion, Korfu-Stadt

Das für Kaiserin Elisabeth von Österreich-Ungarn erbaute Schloss liegt am Stadtrand von Korfu-Stadt an der Strecke nach Benítses. Statuen von Apollon, Achilles, Hera und Artemis zeugen von der Begeisterung der Kaiserin für die griechische Mythologie. Nach der Ermordung Elisabeths stand das Schloss leer, bis es 1907 der deutsche Kaiser Wilhelm II. erwarb *(siehe S. 18f)*.

10 Gáios, Paxós

Karte B5

Der an der Ostküste von Paxós gelegene bezaubernde Ort ist kommerzielles Zentrum und wichtigster Hafen der Insel. Traditionelle Häuser und Tavernen säumen die Gassen und die Uferpromenade. Hobbysegler steuern Gáios gerne an – da die vorgelagerte Insel Agios Nikólaos *(siehe S. 66)* als natürlicher Wellenbrecher fungiert, ist das Wasser im Hafen sehr ruhig.

Tagestour

Vormittags

Die Fähren und Tragflügelschiffe von Kamelia Lines (www.kamelialines.gr) fahren täglich vom Neuen Hafen von **Korfu-Stadt** nach **Gáios** auf Paxós. Die schnellste Verbindung dauert 60 Minuten. Die Fahrpläne wechseln monatlich (mit häufigeren Verbindungen von Juni bis August). Aktuelle Informationen bietet www.paxos-thalassatravel.com. Mieten Sie nach der Ankunft für einige Stunden ein Auto oder nehmen Sie ein Taxi, um Paxós zu erkunden. Folgen Sie der Küstenstraße nach Norden bis **Longós**. Bummeln Sie am Hafen entlang und kehren Sie in der Taverna Nionios *(siehe S. 71)* oder in einem der anderen Restaurants zu einem leckeren Mittagessen ein.

Nachmittags

Folgen Sie der ausgeschilderten Straße nach **Lákka**. Besichtigen Sie den Ort und besuchen Sie einen der bezaubernden Strände in der Nähe. Die Fahrt zurück nach Gáios führt an den Dörfern **Magaziá** und **Oziás** *(beide siehe S. 67)* vorbei. Die zehn Kilometer lange Strecke von Lákka nach Gáios ist schnell zu bewältigen, es lohnt sich jedoch, sich Zeit zu nehmen und bei Zwischenstopps die Aussicht zu genießen. Besichtigen Sie in Gáios den im venezianischen Stil gestalteten Hauptplatz. Genießen Sie in einem der nahe gelegenen Lokale, z. B. im Restaurant Taka Taka *(siehe S. 73)* oder in der Taverna Vassilis *(siehe S. 71)*, ein Abendessen, ehe Sie mit dem Tragflügelschiff nach Korfu-Stadt zurückkehren.

Dies & Das

1 Errikoússa
Karte A1

Auf der Korfu vorgelagerten Insel mit dem kleinen lebhaften Ort Pórto und tollen Stränden wachsen viele Zypressen. Fähren fahren von Sidári oder Korfu-Stadt nach Errikoússa.

2 Paleokastrítsa, Korfu
Karte B3 ▪ Westküste, Korfu

Der beliebte Ferienort bietet drei Strände am türkisfarbenen Meer. In den umliegenden Bergen befinden sich ein Kloster und die Festung Angelókastro aus dem 13. Jahrhundert.

Bucht bei Paleokastrítsa, Korfu

3 Kástro Gardikíou, Korfu
Karte C5 ▪ nahe Skídi, Südwestküste, Korfu

Die Ruine der im 13. Jahrhundert errichteten byzantinischen Festung ist beeindruckend.

4 Panagía, Paxós
Karte B5

Die »Insel der Jungfrau Maria« liegt vor dem Hafen des Ortes Gáios. Vom Wasser aus ist der Blick auf die zerklüftete Küste und die auf einem Hügel gelegene Basilika besonders eindrucksvoll.

5 Kassiópi, Korfu
Karte D1

Die kleine Stadt an der Nordostküste Korfus hat historisches Flair. Sie besitzt einen hübschen Hafen. Besucher können die Ruine einer byzantinischen Festung besichtigen.

6 Agios Nikólaos, Paxós
Karte B5

Auf der dem Hafen von Gáios vorgelagerten Insel stehen zwei Kirchen und die Ruine einer wohl aus byzantinischer Zeit datierenden Festung.

7 Mathráki
Karte A1

Mathráki ist eine der drei bewohnten Diapontischen Inseln im Nordwesten von Korfu. Von Sidári gelangt man per Schiff zu den Orten Benátika und Plákes auf dem kleinen Eiland.

8 Sidári, Korfu
Karte B1 ▪ Nordküste, Korfu

Die Geschichte Sidáris reicht bis in die Jungsteinzeit zurück. Hauptattraktion des Ferienorts ist der Canal d'Amour, ein über Jahrtausende vom Meer geformter Felstunnel. Der Sage nach bleiben Paare, die gemeinsam durch den »Liebeskanal« schwimmen, für immer zusammen.

9 Benítses, Korfu
Karte D4 ▪ nördl. von Korfu-Stadt

Der lebhafte Ferienort an der Ostküste der Insel bietet Bars, Tavernen und viele Wassersportmöglichkeiten.

10 Othoní
Karte A1

Zur größten der bewohnten Diapontischen Inseln gelangt man von Arillas aus. Laut der griechischen Mythologie hielt die Nymphe Kalypso den schiffbrüchigen Odysseus auf der Insel gefangen.

Bucht nahe der Kalypsó-Höhle, Othoní

Malerische Dörfer

1 Paleá Períthia
Karte C2

Das am Pantokrátoras gelegene mittelalterliche Paléa Períthia zählt zu den ältesten erhaltenen Bergdörfern Korfus. Es ist heute unbewohnt. In der Kirche Agios Iákovos O Pérsis kann man restaurierte byzantinische Fresken (14. Jh.) bewundern.

2 Pélekas, Korfu
Karte C4 ▪ westl. von Korfu-Stadt

Der bezaubernde Ort bietet schöne Strände und Tavernen. Er besitzt ein reiches kulturelles Erbe. Das dörfliche Leben ist traditionell geprägt. Pélekas ist von Korfu-Stadt aus leicht zu erreichen.

3 Agios Márkos, Korfu
Karte C2 ▪ Nordosten von Korfu

Das Dorf liegt an der Straße von Barbáti nach Ano Korakiána in den Ausläufern des Pantokrátoras. Die für die Ionischen Inseln typische Architektur ist reizvoll.

4 Barbáti, Korfu
Karte C2 ▪ Ostküste, Korfu

Das bezaubernde Dorf ist für den wunderschönen, zwei Kilometer langen Kiesstrand bekannt, an dem sich Relikte einer antiken Kirche befinden.

5 Vátos, Korfu
Karte B3 ▪ Westen von Korfu

Die Gassen des Dorfs säumen traditionelle Steinhäuser, an denen riesige Bougainvilleen blühen. Vátos liegt nahe den Stränden Myrtiótissa *(siehe S. 68)* und Ermones.

6 Oziás, Paxós
Karte B5

Oziás ist nach Gáios die zweitgrößte Ortschaft auf Paxós und das südlichste Dorf der Insel. Im Hafenbecken liegen gewaltige, durch Winderosion durchlöcherte Felsen. In der Nähe von Oziás befinden sich die Ruinen einer Kirche.

7 Gouviá, Korfu
Karte C3 ▪ Ostküste, Korfu

Der ehemals venezianische Hafen ist heute der größte Yachthafen Korfus. Er verleiht Gouviá modernes Flair. In den traditionellen Steinhäusern befinden sich schicke Tavernen.

8 Magaziá, Paxós
Karte A5

In dem Dorf nahe der Petríti-Höhle (»Blauen Grotte«) kann man herrliche Sonnenuntergänge erleben. Magaziá ist von Olivenhainen umgeben.

9 Kalámi, Korfu
Karte D2 ▪ Nordostküste, Korfu

Der Kiesstrand des an einer hufeisenförmigen Bucht gelegenen Dorfs wurde mit einer Blauen Flagge ausgezeichnet. Der britische Schriftsteller Lawrence Durrell (1912–1990) lebte in Kalámi.

Bucht von Kalámi, Korfu

10 Kríni, Korfu
Karte B3 ▪ Westküste, Korfu

Das typisch korfiotische Dorf ist malerisch gelegen. Es bietet herrlichen Blick aufs Meer. In der Nähe befinden sich die Relikte der byzantinischen Festung Angelókastro.

Siehe Karte S. 62f

Buchten & Strände

Blick auf den Strand Voutoúmi, Antípaxos

1 Arillas, Korfu

Karte A2 ▪ nahe Agios Stéfanos, Korfu

Der lange Sandstrand erstreckt sich im Nordwesten Korfus. An den vorgelagerten kleinen Inseln brechen sich die Wellen *(siehe S. 46)*.

2 Gialiskári, Korfu

Karte C4 ▪ nahe Pélekas, Korfu

Der in einer kleinen Bucht gelegene Strand ist nur von Sinarádes aus zu erreichen. Da nur wenige Besucher die Fahrt auf der kleinen Straße in Angriff nehmen, herrscht an dem Strand idyllische Ruhe *(siehe S. 47)*.

3 Myrtiótissa, Korfu

Karte B4 ▪ Westküste, Korfu

Der kleine Sandstrand lockt Naturliebhaber an. Steil emporragende Felswände sorgen für eine beeindruckende Kulisse. An dem Strand gibt es keine Tavernen.

4 Liapádes, Korfu

Karte B3 ▪ nahe Paleokastrítsa, Korfu

Den Strand an der Westküste suchte Sir Frederick Adam *(siehe S. 17)* gern auf. In den Tavernen kann man im Schatten Erfrischungen genießen.

5 Ormos Agrílas, Paxós

Karte A5 ▪ Westküste, Paxós

Die nördlich von Oziás gelegene Bucht ist eine der größten an der zerklüfteten Westküste von Paxós. Avláki zählt zu den hübschen kleinen Stränden in der Bucht.

6 Voutoúmi, Antípaxos

Karte B6 ▪ südl. von Vríka, Antípaxos

Der Strand liegt unmittelbar südlich von Vríka am türkisfarbenen Meer. Die beiden durch einen Pfad verbundenen Strände gelten als die schönsten der Insel. Voutoúmi prägen Sand und Kies *(siehe S. 47)*.

7 Plákes, Paxós

Karte B5 ▪ nahe Gáios, Paxós

An der Ostküste von Paxós nahe Gáios erstrecken sich mehrere beliebte Strände. Plákes zählt mit dem nahe gelegenen Gianná zu den schönsten.

8 Arkoudáki, Paxós

Karte A4 ▪ nahe Lákka, Paxós

Der kleine, abgeschiedene Strand an der Nordostspitze von Paxós ist nur per Boot erreichbar. Vor Arkoudáki ankern oft Segelboote für einen Badeaufenthalt.

9 Levrechió, Paxós

Karte B5 ▪ Ostküste, Paxós

Der hübsche Kiesstrand liegt südlich von Longós. Er ist in den Sommermonaten stets gut besucht.

10 Vríka, Antípaxos

Karte B6

Vríka ist der bekannteste und beliebteste der goldenen Sandstrände von Antípaxos. Der Weg zum Strand führt durch eine für die Insel typische Landschaft mit Weinbergen *(siehe S. 47)*.

Sport & Aktivurlaub

1 Naturpfade

Auf allen Ionischen Inseln gibt es Naturpfade. Wegen der einfachen Orientierung sind die Wege auf der kleinen Insel Antípaxos besonders beliebt. An den Pfaden sieht man Reptilien und kleine Säugetiere.

2 Segeln

Die Buchten und Strände von Korfu, Paxós und Antípaxos lassen sich wunderbar mit dem Segelboot erkunden. Die Yachthäfen auf den Inseln bieten Ankerplätze.

3 Schwimmen

Manche Buchten sind geschützt, in anderen muss man sich vor starken Strömungen in Acht nehmen. Sanft abfallende, sichere Badestrände findet man bei Benítses *(siehe S. 66)* auf Korfu und bei Gáios *(siehe S. 65)* auf Paxós.

4 Strandgut sammeln

An vielen Stränden kann man wunderbar Muscheln und Treibholz sammeln. Denken Sie an den Umweltschutz und lassen Sie bei Ihren Ausflügen keinen Abfall zurück.

5 Wassersport

In den großen Ferienorten werden zahlreiche Wassersportmöglichkeiten angeboten, z. B. Tauchen, Wasserskifahren, Windsurfen oder Fahrten mit Kanus, Bananen- und Tretbooten. Auf Korfu werden in Sidári, Benítses und Kassiópi Kurse abgehalten *(siehe S. 66)*.

Taucher in den Gewässern vor Korfu

6 Olivenernte

Auf Paxós gedeihen mehr als 200 000 Olivenbäume. Besucher haben die Möglichkeit, bei der Anfang November beginnenden Olivenernte mitzuwirken. Dabei erhält man Einblick in das Inselleben.

Corfu Golf Club

7 Golf

www.corfugolfclub.com

Der 18-Loch-Platz (Par 72) im Rópa-Tal nahe Ermones zählt zu den besten Griechenlands.

8 Reiten

www.trailriderscorfu.com; www.kephalonia.com

In Ano Korakiána auf Korfu kann man mit Trailriders Ausritte durch Olivenhaine unternehmen. Auf Kefaloniá bietet Bavarian Horse Riding Stables Ausflüge rund um Sámi an.

9 Wandern

www.thecorfutrail.com

Wanderer finden auf den Ionischen Inseln wunderbare Strecken entlang den Küsten oder durch das zerklüftete Inland vor.

10 Radfahren

In allen größeren Ferienorten kann man Fahrräder leihen. Wenig trainierte Fahrer sollten sich keinesfalls in gebirgige Gebiete wagen.

Siehe Karte S. 62f

Shopping

1 The Land of Corfu Natural Products, Korfu

Karte P5 ▪ Filarmonikís 25, Korfu-Stadt ▪ +30 26610 34472 ▪ www.thelandofcorfu.com

Die angebotenen Kosmetikartikel enthalten Argan-, Zedern-, Oliven-, Kumquat- und Feigenöl aus regionaler Produktion.

2 Lederwarenmarkt, Korfu

Karte P5 ▪ Dóna, Korfu-Stadt

Der Markt bietet handgearbeitete Lederjacken, -taschen und -gürtel.

Handtaschen, Maska

3 Maska, Korfu

Karte C3 ▪ Govino Bay, Gouviá, Korfu ▪ +30 26610 90542

Der Laden verkauft Taschen, Schuhe Gürtel und andere Lederwaren aus eigener Werkstatt. Auch Kleidung gehört zum Sortiment. Maßanpassungen sind möglich.

4 Muses, Korfu

Karte P1 ▪ Michaíl Theotóki 22, Korfu-Stadt ▪ +30 26610 30708 ▪ www.musescorfu.com

Das kunstvolle Design der in dem Concept Store angebotenen Kleidungsstücke und Haushaltswaren verbindet Tradition mit zeitgenössischen Elementen. Muses betreibt Pop-up-Stores in Berlin, Paris und New York.

5 Mouseío Antivouniótissas, Korfu

Karte P4 ▪ Prosfórou 30 ▪ +30 26610 38313 ▪ www.antivouniotissamuseum.gr

Der Museumsladen verkauft hochwertige Reproduktionen von byzantinischen und venezianischen Kunstwerken sowie CDs mit orthodoxer Kirchenmusik *(siehe S. 12)*.

6 George Apergis Jewels, Paxós

Karte A5 ▪ Lákka ▪ +30 26620 33008 ▪ www.georgeapergis.com

Der Juwelier verkauft zeitgenössischen Gold- und Silberschmuck.

7 Olive Wood Workshop by Tom

Karte P1 ▪ Nikifórou Theotóki, Korfu-Stadt ▪ +30 26610 46683

Die Schüsseln, Fotorahmen und Schmuckstücke aus Olivenholz stammen aus eigener Werkstatt.

8 Savonnerie Patoúnis, Korfu

Karte P5 ▪ Ioánnou Theotóki 9, Korfu-Stadt ▪ +30 26610 39806 ▪ www.patounis.gr

Der seit 1891 bestehende Familienbetrieb fertigt Olivenölseife auf traditionelle Art. Die Werkstatt kann man bei Führungen besichtigen.

9 Icon Gallery, Korfu

Karte P6 ▪ Guilford 52, Korfu-Stadt ▪ +30 26610 400928 ▪ www.iconcraft.gr

Die in der kleinen Galerie angebotenen Kopien von Ikonen und anderen sakralen Kunstwerken werden von 30 einheimischen Künstlern gefertigt. Außerdem sind kunstvoll gearbeitete Schmuckstücke erhältlich.

10 Ilías Lalaoúnis, Korfu

Karte P5 ▪ Kapodistríou 35, Korfu-Stadt ▪ +30 26610 36258

In dem Laden wird exquisiter Silber- und Goldschmuck des bekanntesten griechischen Juweliers verkauft.

→ Siehe Karte S. 62f

Tavernen

1 Ambelonas, Korfu

Karte C3 ■ Karoumpátika, nahe Agios Ioánnis ■ +30 69321 58888 ■ Jun–Nov: Mi–Fr 19–22.30 Uhr; Dez–Mai: So 13–18 Uhr ■ www.ambelonas-corfu.gr ■ €

Das zu einem jahrhundertealten Weingut gehörende Lokal bietet korfiotische Küche.

2 Spiros Taverna, Antípaxos

Karte B6 ■ Vríka, Antípaxos ■ +30 69728 16229 ■ tägl. 9–17 Uhr ■ €€

In der am Strand Vríka gelegenen Taverne genießt man, wie es auf den Ionischen Inseln Tradition ist, zum Meerblick hervorragendes Seafood.

3 Vergina, Corfu

Karte C3 ■ Gouviá, Korfu ■ +30 26610 90093 ■ €€

Neben traditionellen Speisen wie *souvláki* werden jeden Abend griechische Tänze geboten.

4 Panorama, Korfu

Karte A1 ■ Perouládes, Korfu ■ +30 26630 95035 ■ €€

In dem hoch auf den Klippen gelegenen Lokal genießt man bei Grillgerichten und regionalen Speisen herrliche Sonnenuntergänge.

5 Taverna Sebastian, Korfu

Karte C4 ■ Agios Górdios, Korfu ■ +30 26610 53256 ■ €€

Die seit 1977 existierende Taverne bietet korfiotische Küche nach hauseigenen Rezepten.

Preiskategorien

Preis für ein Drei-Gänge-Menü pro Person mit einer halben Flasche Wein, inklusive Steuern und Service.

€ unter 30 € €€ 30–50 € €€€ über 50 €

6 The Village Taverna, Korfu

Karte D5 ■ Moraïtika, Korfu ■ +30 26610 76403 ■ Okt–Mai geschl. ■ www.thevillagetaverna.gr ■ €

Auf der Terrasse werden traditionelle griechische Speisen serviert.

7 To Paximádi, Paxós

Karte A5 ■ Lákka, Paxós ■ +30 26620 33098 ■ Okt–Mai geschl. ■ €€

In der am Meer gelegenen Taverne genießt man Seafood und Fleischgerichte mit traditionelle Beilagen.

8 Taverna Nionios, Paxós

Karte A5 ■ Lákka, Paxós ■ +30 26620 31315 ■ €

Die Tageskarte bietet schmackhafte Hausmannskost.

9 Taverna Vassilis, Paxós

Karte B5 ■ Hauptplatz von Gáios, Paxós ■ +30 26620 30062 ■ €€

Auf der Speisekarte stehen Klassiker wie Tintenfisch und *souvláki*.

10 Taverna Agni, Korfu

Karte D2 ■ Kólpo Agni, Gimári, Korfu ■ +30 26630 91142 ■ Okt–Mai geschl. ■ www.taverna-agni.com ■ €€

In der beliebten Taverne wird fangfrischer Fisch mit Zutaten aus dem hauseigenen Garten zubereitet.

Taverna Agni, Korfu

Cafés, Bars & Clubs

1 Dizi, Korfu

Karte B3 ■ Ermones, Korfu ■ +30 698131 4069

In der Bar gibt es tagsüber Kaffee und Cocktails. Nach Sonnenuntergang herrscht bei großer Besucherzahl ausgelassene Stimmung.

2 Palazzo Bar, Korfu

Karte B1 ■ Sidári, Korfu ■ +30 26630 95946

Die Bar an der Hauptstraße von Sidári serviert tagsüber Snacks. Abends gibt es großartige Cocktails.

3 Edem Beach Club, Korfu

Karte C3 ■ Dassiá, Korfu ■ +30 26610 93013 ■ So geschl. ■ www.edemclub.com

Ab 11 Uhr werden Kaffee und Snacks angeboten, nach Sonnenuntergang herrscht Clubbetrieb mit guter Musik und starken Cocktails.

4 54 Dreamy Nights, Korfu

Karte D3 ■ Ethnikís Antistáseos 54, Korfu-Stadt ■ +30 69406 45436 ■ www.54dreamynights.com

Der luxuriöse Club ist in purpurnes Licht getaucht. Das Musikspektrum reicht von Hip-Hop zu traditioneller griechischer Musik.

5 Harbour Bar, Korfu

Karte D1 ■ Hafen von Kassiópi, Korfu ■ +30 26630 81227 ■ www.harbour-bar.com

Zum Meerblick kann man morgens Kaffee, abends Drinks genießen.

Harbour Bar, Korfu

6 7th Heaven Café, Korfu

In dem zum Restaurant Panorama *(siehe S. 71)* gehörenden Café am Strand Loggás genießt man bei Drinks und Grillgerichten herrliche Sonnenuntergänge.

La Grotta Bar, Korfu

7 La Grotta Bar, Korfu

Karte B3 ■ Paleokastrítsa, Korfu ■ +30 26630 41006 ■ www.lagrottabar.com

Neben Tischen im Freien gibt es Sitzgelegenheiten in einer sanft beleuchteten Höhle. Es werden Cocktails und Snacks angeboten.

8 Four Seasons, Paxós

Karte B5 ■ Longós, Paxós ■ +30 26620 31829 ■ www.fourseasonspaxos.gr

Das gemütliche Café-Restaurant in dem Hotel nahe dem Hafen lädt zum Frühstück, einem Imbiss zu Mittag und zum Abendessen ein.

9 Angelos Bar, Korfu

Karte D1 ■ Kassiópi, Korfu ■ +30 26630 81022 ■ www.angelosbar.com

In der stets gut besuchten Bar laufen Sportübertragungen und Musik aus den 1960er bis 1980er Jahren.

10 Mourágio, Paxós

Karte B5 ■ Gáios, Paxós ■ +30 69873 33464

Die Bar gilt als älteste auf Paxós. Sie bietet Blick auf die kleine Insel Agios Nikólaos.

Restaurants

Preiskategorien
Preis für ein Drei-Gänge-Menü pro Person mit einer halben Flasche Wein, inklusive Steuern und Service.

€ unter 30 € €€ 30 – 50 € €€€ über 50 €

1 The Venetian Well, Korfu

Karte P4 ■ Plateía Desílla Lílis 1, Korfu-Stadt ■ +30 26615 50955 ■ mittags geschl. ■ www.venetianwell.gr ■ €€

Die kreative Küche und die exzellenten Weine genießt man im eleganten Gastraum oder an Tischen im Freien im bezaubernden Innenhof.

2 Bistro Boileau, Korfu

Karte C3 ■ Kontókali, Korfu ■ +30 26610 90069 ■ mittags & Nov – Apr So & Mo geschl. ■ www.bistroboileau.com ■ €€€

Das schicke Lokal verleiht traditionellen Gerichten eine moderne Note. Dazu gibt es gute regionale Weine.

3 Trilogia Restaurant, Korfu

Karte D1 ■ nahe dem Strand Pípitios, Kassiópi, Korfu ■ +30 26630 81589 ■ www.trilogiacorfu.com ■ €€

Das malerisch gelegene Lokal bietet Speisen mit korfiotischen Einflüssen und eine großartige Weinkarte.

4 Janis Restaurant, Korfu

Karte D1 ■ nahe dem Strand Kalamiónas, Kassiópi, Korfu ■ +30 26630 81082 ■ www.janisrestaurant.com ■ €€

An den Tischen im Freien genießen Gäste exzellentes Seafood, Grillgerichte und korfiotische Spezialitäten. Reservierung wird empfohlen.

5 Klimataria, Korfu

Karte D4 ■ Hauptplatz von Benítses, Korfu ■ +30 26610 71201 ■ Apr – Okt: mittags & So geschl.; Nov – März: Mo – Fr geschl. ■ www.klimataria-restaurant.gr ■ €€

In dem Restaurant locken einfallsreich zubereitete Fischgerichte.

6 La Famiglia, Korfu

Karte P5 ■ Maniarízi Arlióti 16, Korfu-Stadt ■ +30 26610 30270 ■ €€

Das elegante Restaurant bietet authentische italienische Küche und italienische Weine.

7 Taka Taka, Paxós

Karte B5 ■ Gáios, Paxós ■ +30 26620 32329 ■ €€

Auf der von Wein umrankten Terrasse werden Grillgerichte serviert – begleitet von edlen Tropfen aus regionaler Produktion.

8 Akis, Paxós

Karte A5 ■ Lákka, Paxós ■ +30 26620 31247 ■ Nov – März geschl. ■ €

Auf der Karte des beliebten Fischrestaurants stehen u. a. gegrillter Tintenfisch und Seeteufel-Risotto.

9 Carnayo, Paxós

Karte B5 ■ Gáios, Paxós ■ +30 69741 58814 ■ €€

Das Lokal serviert traditionelle Gerichte der Insel wie Pastete mit Innereien vom Lamm und Tintenfisch mit Gemüse.

Rex, Korfu

10 Rex, Korfu

Karte P5 ■ Kapodistríou 66, Korfu-Stadt ■ +30 26610 39649 ■ www.rexrestaurant.gr ■ €€

Das Lokal in einem historischen Stadthaus serviert korfiotische Speisen wie *sofríto* (Kalbsschmortopf).

Siehe Karte S. 62f

TOP 10 Lefkáda

Lefkáda ist durch eine Brücke mit dem Festland verbunden. Die im Nordosten gelegene Hauptstadt, Lefkáda-Stadt, wurde ab 1948 nach einem Erdbeben originalgetreu wiederaufgebaut. Die Insel mit der eindrucksvollen Berglandschaft prägen Olivenhaine, Weinberge und Wälder mit Platanen, Pinien und Zypressen. An der zerklüfteten Westküste liegen malerische Buchten und Strände wie Pórto Katsíki, an der Ostküste Ferienorte wie Nydrí und Perigiáli. Vasilikí, im Süden, lockt Windsurfer an. Zu der Inselgruppe der Tilevóides östlich von Lefkáda gehören u. a. Spárti, Meganísi, Madourí und Skorpídi.

Windsurfer in Vasilikí

Straße in Lefkáda-Stadt

① Lefkáda-Stadt

Die bezaubernde Hauptstadt der Insel Lefkáda wurde ab 1948 nach einem Erdbeben wiederaufgebaut. Häuser mit Holzfachwerk und einer Verkleidung aus bunten Metallplatten säumen die hübschen Gassen. Das archäologische Museum informiert über die Geschichte der Insel. Auch die Ruine der Festung Agía Mávra und das Phonographische Museum, das u. a. Grammofone und Musikinstrumente zeigt, sind sehenswert. Der Yachthafen, an dem sich viele Bars, Gourmetrestaurants und interessante Läden befinden, ist das lebhafte Zentrum der Stadt *(siehe S. 24f)*.

② Lygiá

Karte J1 ■ südl. von Lefkáda-Stadt

Viele Besucher schenken dem Dorf, das an der Straße von Lefkáda-Stadt zu den Ferienorten an der Ostküste liegt, keine Aufmerksamkeit. Ein Aufenthalt lohnt jedoch: In dem traditionellen Dorf hat sich über lange Zeit wenig verändert. Von dem malerischen Hafen genießt man eine herrliche Aussicht auf das Festland und das Bergdorf Néa Plágia.

③ Nikiána

Karte J2 ■ Ostküste, Lefkáda

Im Hafen des am Fuß des Bergs Skáros gelegenen Dorfs legen frühmorgens Fischerboote an. In den Tavernen wird der Tagesfang zu vorzüglichen Gerichten verarbeitet. In der Bucht kann man Wasserski fahren und windsurfen. Landeinwärts lohnen die traditionellen Dörfer Kolyváta und Aléxandros einen Besuch.

④ Vlichó

Karte J2 ■ Ostküste, Lefkáda

Der an einer malerischen Bucht gelegene lebhafte Ort wird von vielen Segelbooten angesteuert. Im Hafen liegen Boote verschiedenster Arten und Größen ruhig im Wasser oder werden gesäubert oder gestrichen. Die Einrichtung der meisten Tavernen in Vlichó ist von maritimen Motiven geprägt.

Das malerisch gelegene Vlichó

5 Pórto Katsíki & Kap Doukáto

Karte H3 ▪ Halbinsel Lipsópirgos, Lefkáda

Der vor hohen Klippen gelegene Sandstrand Pórto Katsíki auf der Halbinsel Lipsópirgos gilt als einer der schönsten Strände Griechenlands *(siehe S. 46)*. Gemäß der griechischen Mythologie lag am Kap Doukáto, dem südlichsten Punkt der Halbinsel, einst ein Heiligtum des Apollon. Am Standort des antiken Tempels befindet sich heute die Kirche Agios Nikólaos.

Lafcadio Hearn

Der Schriftsteller Lafcadio Hearn (1850–1904), der durch seine Werke über Japan bekannt wurde, wurde auf Lefkáda als Sohn eines britischen Offiziers und einer griechischen Mutter geboren. Schon in jungen Jahren verließ er die Insel. Das 2014 eröffnete Lafcadio Hearn Historical Centre in Lefkáda-Stadt, ein japanisch-griechisches Projekt, erinnert an Hearn.

6 Nydrí

Karte J2 ▪ Ostküste, Lefkáda

Von dem hübschen Dorf an der Ostküste Lefkádas eröffnet sich eine wunderbare Aussicht auf die Inseln Madourí und Spárti sowie auf die gegenüberliegende Spitze des griechischen Festlands. Nordwestlich der Ortschaft liegt die Dimosári-Schlucht, in der ein beeindruckender Wasserfall in einen kristallklaren See hinabstürzt. In den heißen Sommermonaten können sich Besucher durch ein Bad in dem kühlen See herrlich erfrischen.

Boote nahe Vasilikí

7 Vasilikí

Karte H2 ▪ Südküste, Lefkáda

Der malerische Ort ist von Wäldern umgeben. Er liegt geschützt in der Bucht Ormos Vasilikís. Da das Dorf Anlaufstelle der Fähren von Kefaloniá und Itháka ist, herrscht eine lebhafte Atmosphäre. Die Bucht ist wegen der oft starken Winde bei Surfern äußerst beliebt. Die artenreiche Fauna am Meeresgrund und in den Unterwasserhöhlen lädt zum Tauchen und Schnorcheln ein. Bei Vasilikí erstrecken sich weiße Sandstrände *(siehe S. 79)*. Am Hafen gibt es Restaurants und Tavernen.

8 Sývota

Karte J3 ▪ Südküste, Lefkáda

Das bezaubernde kleine Fischerdorf liegt rund 30 Kilometer von Lefkáda-Stadt entfernt an der Südküste der Insel. Die kleine Bucht, in der sich Fischerboote und Yachten tummeln, bietet einen wunderschönen Anblick. Im Hintergrund erheben sich mit Olivenhainen bedeckte Hügel. In den von Efeu umrankten Tavernen am Hafen wird Seafood serviert. Sývota bietet auch einen hübschen Strand.

Bucht von Sývota

9 Meganísi

Karte J3

Meganísi, die größte der zur Gruppe der Tilevóides gehörenden Inseln, ist durch eine kleine Meerenge von Lefkáda getrennt. Die grüne Insel besitzt ländliches Flair. Einige Wissenschaftler glauben, dass Meganísi die von Homer beschriebene Insel Kroklylea ist, die Teil des Königreichs von Odysseus war. In Vathý, dem lebhaften Hauptort der Insel, legen Fähren vom Festland an. Die auf Seafood spezialisierten Tavernen am Hafen sind bei Tagesausflüglern beliebt. An der Küste von Meganísi befinden sich die kleinen Hafenorte Athéni und Spartochóri, im Inland bezaubert das traditionelle Dorf Katoméri. Die nahe gelegenen Inseln Spárti und Skorpiós gehören zur Gemeinde Meganísi.

Dimosári-Schlucht

10 Dimosári-Schlucht

Karte J2 ■ nordwestl. von Nydrí, Lefkáda

Die Schlucht mit zerklüfteten Felswänden, Seen und einem Wasserfall erstreckt sich von der Ostküste Lefkádas nahe Perigiáli und Nydrí landeinwärts bis zu den Bergdörfern Vafkerí und Englouví. Durch Teile der Schlucht führen Wanderpfade, die Felswände locken Kletterer an.

Tour

Fahren Sie in **Lefkáda-Stadt** auf die Küstenstraße und folgen Sie den Schildern nach **Lygiá**. Sehen Sie sich den Hafen des Fischerdorfs an und genießen Sie die idyllische Ruhe. Nächstes Ziel ist das Dorf **Nikiána**, das einen wesentlich größeren Hafen besitzt. Dann geht es weiter in den wunderschönen Ort **Perigiáli** *(siehe S. 78)* und nach **Nydrí**.

Kehren Sie in einer der Tavernen am Hafen von Nydrí zum Kaffee ein. Genießen Sie den Blick auf die vorbeiziehenden Fischerboote und Yachten sowie auf die östlich gelegenen Inseln **Spárti**, **Madourí** und **Skorpídi** *(alle siehe S. 78)*. Spazieren Sie anschließend den Schildern folgend zu dem **Wasserfall** in der **Dimosári-Schlucht**. Erfrischen Sie sich in dem kühlen Wasser.

Zurück auf der Küstenstraße fahren Sie in südlicher Richtung nach **Vlichó**. Wenige Kilometer nach dem Ortsausgang führt die Straße landeinwärts und gabelt sich bei einem kleinen Dorf. Folgen Sie der Straße links, kommen Sie nach **Póros** *(siehe S. 78)* und zu dem Strand **Mikrós Gialós** *(siehe S. 79)*. Wenn Sie rechts abbiegen, gelangen Sie über eine Reihe von Dörfern nach **Vasilikí**. Dort können Sie ein Mittagessen mit Blick auf die Bucht einnehmen. Da es in der Bucht oft windig ist, tummeln sich üblicherweise zahlreiche Windsurfer auf dem Wasser. Für die Rückfahrt nach Lefkáda-Stadt nehmen Sie entweder die Küstenstraße oder die ausgeschilderte Route, die durch die Berglandschaft im Inselinneren verläuft.

Siehe Karte S. 74

Dies & Das

1 Kalamítsi

Karte H2 ▪ Nordwesten von Lefkáda

Das an einem Berghang gelegene, für seine Kirchen und Windmühlen bekannte Kalamítsi zählt zu den ältesten und schönsten Dörfern der Insel. Es bietet herrlichen Blick auf eine hufeisenförmige Bucht.

2 Spárti

Karte J2 ▪ nordöstl. von Nydrí, Ostküste, Lefkáda

Auf der nördlichsten der zur Gruppe der Tilevóides gehörenden Inseln reicht der charakteristische dichte Bewuchs bis an die Küsten.

3 Skorpídi

Karte J2 ▪ westl. von Nydrí, Lefkáda

Die kleine Insel mit nahezu unberührter Natur ist in Privatbesitz. Von Nydrí startende Bootsrundfahrten führen an der Insel vorbei.

4 Perigiáli

Karte J2 ▪ nahe Nydrí, Lefkáda

Besucher erhalten in Perigiáli Einblick in das traditionelle Dorfleben. In der Kirche (15. Jh.) versteckten sich im 19. Jahrhundert Revolutionäre, die sich gegen das britische Protektorat auflehnten.

5 Madourí

Karte J2 ▪ nordwestl. von Nydrí, Lefkáda

Die kleine grüne Insel liegt in der Bucht von Nydrí. Sie ist gut per Boot zu erreichen.

6 Póros

Karte J2 ▪ Süden von Lefkáda

In dem bezaubernden Dorf nahe der Bucht von Roúda wachsen prächtige Bougainvilleen vor steinernen Häusern. Die Kirche Análipsi zieren Ikonen aus dem 16. Jahrhundert. In der Nähe liegt eine Festungsruine.

7 Sívros

Karte H2 ▪ nördl. von Vasilikí, Lefkáda

Das aus einigen Steinhäusern bestehende Bergdorf im Zentrum der Insel ist von Lorbeerbäumen umgeben. Moderne Einrichtungen gibt es in Sívros kaum.

8 Kariá

Karte H2

Das hübsche Bergdorf im Zentrum der Insel Lefkáda hat einen traditionellen Lebensstil bewahrt. Wie seit Jahrhunderten werden in dem Ort Stickereien handgearbeitet.

9 Kap Doukáto

Karte H3

Der südlichste Punkt Lefkádas ist über eine kleine holprige Straße erreichbar, die über die karge Halbinsel führt. Am Kap Doukáto ragen steile Klippen aus dem türkisfarbenen Meer empor.

10 Agios Nikítas

Karte H1 ▪ südwestl. von Lefkáda-Stadt

Das einstige Fischerdorf ist heute einer der schönsten und elegantesten Ferienorte auf Lefkáda. Agios Nikítas liegt nur eine kurze Autofahrt von Lefkáda-Stadt entfernt.

Blick auf Madourí

Strände

Mýlos, Lefkáda

1 Mýlos

An dem malerischen Strand in der Nähe von Lefkáda-Stadt steht eine Windmühle aus dem 18. Jahrhundert, in der sich heute ein Café befindet. Stufen führen zum Sandstrand hinab *(siehe S. 25)*.

2 Egremní

Karte H2 ■ Atháni, Lefkáda

Zu dem beeindruckenden Strand nahe dem Dorf Atháni – nicht zu verwechseln mit dem kleineren, gleichnamigen Strand bei Agios Nikítas – führt eine kleine Straße.

3 Mikrós Gialós

Karte J2 ■ Süden von Lefkáda

Der Kiesstrand erstreckt sich im Süden des bezaubernden Dorfs Póros an der Bucht von Roúda (Ormos Roúda). Er ist bei Sommerurlaubern äußerst beliebt.

4 Megálo Limonári

Karte J2 ■ nahe Katoméri, Meganísi

Den wunderschönen, abgeschiedenen Strand an der Südküste der Insel Meganísi erreicht man von dem Dorf Katoméri aus. Der von Bäumen gesäumte Sandstrand liegt in einer hübschen Bucht.

5 Pefkoúlia

Karte H1 ■ nördl. von Agios Nikítas, Lefkáda

Der lange Sandstrand nahe Agios Nikítas an der Westküste von Lefkáda ist bei Urlaubern beliebt. Das Wasser ist ideal zum Schwimmen.

6 Nikiána

Karte J2 ■ Nikiána, Lefkáda

Der für den Küstenabschnitt ungewöhnlich tiefe Sandstrand liegt nahe dem Dorf Nikiána. Er bietet Bars und Tavernen.

7 Vasilikí

Karte H2 ■ Südküste, Lefkáda

Die Bucht von Vasilikí bietet exzellente Bedingungen zum Segeln und Windsurfen. In Sportclubs nahe dem Strand kann man Ausrüstung leihen und Kurse buchen.

8 Káthisma

Karte H1 ■ Kalamítsi, Lefkáda

Der lange, breite Sandstrand nordwestlich von Kalamítsi zählt stets besonders viele Besucher.

Káthisma, Lefkáda

9 Póros

Karte J2 ■ Süden von Lefkáda

Der südlich des Dorfs Póros an der Bucht von Roúda (Ormos Roúda) gelegene Sandstrand ist ruhiger als der benachbarte Strand Mikrós Gialós. Er ist bei Campern beliebt.

10 Gialós

Karte H2 ■ Atháni, Lefkáda

Die idyllische Atmosphäre an dem Kiesstrand lohnt die Anfahrt über eine Serpentinenstraße und den anschließenden Fußmarsch.

Siehe Karte S. 74

Tavernen

Preiskategorien
Preis für ein Drei-Gänge-Menü pro Person mit einer halben Flasche Wein, inklusive Steuern und Service.

€ unter 30 € €€ 30–50 € €€€ über 50 €

1 Fríni sto Mólo
Karte J1 ■ Dimitríou Golémi, Lefkáda-Stadt ■ +30 26450 24879 ■ €
Zu köstlichen *souvláki* und anderen *mezédes* genießt man Bier und Weine aus der Region.

2 Taverna Zólithros
Karte J2 ■ Mikrós Gialós, Lefkáda ■ +30 69723 18385 ■ Okt–Mai geschl. ■ www.zolithros.gr ■ €
Der Inhaber fängt den Fisch für sein Lokal selbst. Außerdem werden traditionelle Fleischgerichte serviert.

3 Taverna Pantazís
Karte J2 ■ Nikiána, Lefkáda ■ +30 26450 71211 ■ www.pantazistaverna.gr ■ €€
Die bei Einheimischen beliebte Taverne bietet eine große Auswahl an Fisch und Seafood, aber auch Lamm gehört zu den Spezialitäten.

4 O Mólos
Karte J2 ■ Hafen von Mikrós Gialós, Lefkáda ■ +30 26450 95548 ■ mittags geschl. ■ €
Auf der Speisekarte stehen traditionelle griechische Speisen wie Seafood und *mousakás*.

5 Café Liotrivi
Karte J3 ■ Sývota, Lefkáda ■ +30 26450 31870 ■ Nov–Apr geschl. ■ €
Das Café in einer einstigen Olivenölmühle an der Bucht von Sývota bietet Frühstück und Snacks.

6 Ta Kaniória
Karte J1 ■ Lygiá, Lefkáda ■ +30 26450 72229 ■ mittags geschl. ■ €
Gäste genießen bei herrlichem Blick auf den Hafen traditionelle griechische Speisen wie *afélia* (mariniertes Schweinefleisch).

7 Keramidáki
Karte J2 ■ Nikiána, Lefkáda ■ +30 26450 92417 ■ €€
Auf der von Olivenbäumen beschatteten Terrasse wird hervorragendes Seafood serviert.

8 Taverna Oasis
Karte H3 ■ Pórto Katsíki, Lefkáda ■ +30 26450 33201 ■ €
In der bei Einheimischen beliebten Taverne genießt man im Schatten von Bäumen Fleischgerichte, darunter Ziege und Kaninchen, vom Holzkohlegrill. Der Ausblick aufs Meer ist fantastisch.

9 Taverna Lákis
Karte J2 ■ Spartochóri, Meganísi ■ +30 26450 51228 ■ mittags geschl. ■ €€
Das Lokal mit klassischer griechischer Küche befindet sich in einem von Bougainvilleen umrankten Haus in einer für Spartochóri typischen malerischen Gasse.

10 Seven Islands
Karte J1 ■ Lygiá, Lefkáda ■ +30 26450 71747 ■ Nov–Apr geschl. ■ €€
Die direkt am Meer gelegene Taverne bietet Grillgerichte, Seafood, Gebäck und gute vegetarische Speisen.

Café Liotrivi

Restaurants

1 Basilico

Karte J2 ■ Hafen von Nydrí, Lefkáda ■ +30 26450 93121 ■ www.basilico-restaurant.gr ■ €€

Auf typisch griechische Speisen – Fisch- und Fleischgerichte sowie vegetarische Optionen – folgen vorzügliche hausgemachte Desserts.

2 I Ráchi

Karte H2 ■ Exánthia, Lefkáda ■ +30 26450 99439 ■ Nov – Apr geschl. ■ www.rachi.gr ■ €€

Auf der Terrasse kann man herrliche Sonnenuntergänge genießen. Es gibt griechische Klassiker wie *mousakás* und *souvláki* und gute Cocktails.

3 Tropicana

Karte J2 ■ Spartochóri, Meganísi ■ +30 26450 51486 ■ €

Hausgemachte Pizza und *souvláki* vom Holzkohlegrill sind die Highlights in dem Restaurant im Zentrum von Spartochóri.

4 Yannis

Karte J1 ■ Lygiá, Lefkáda ■ +30 26450 71619 ■ €

Das Angebot an klassischen griechischen Gerichten beinhaltet zahlreiche hausgemachte Süßspeisen wie *kadaïfi* und *galaktoboúreko* sowie leckere Konfitüren mit Früchten und Nüssen.

5 Kýma

Karte J1 ■ Plateía Foínia, Lefkáda-Stadt ■ +30 26450 22280 ■ €€

In dem bei Einheimischen beliebten Restaurant mit Meerblick genießt man traditionelle Speisen wie *kakaviá* (Fischsuppe) und andere Fischgerichte. Die Desserts sind köstlich.

6 The Barrel

Karte J2 ■ Hafen von Nydrí, Lefkáda ■ +30 26450 92906 ■ €€

Die Kombination aus griechischer und internationaler Küche überzeugt. Die Weinkarte des Restaurants, das ausschließlich Tische im Freien bietet, ist umfangreich.

7 Duende

Karte J2 ■ Nikiána, Lefkáda ■ +30 26450 72383 ■ €

Das Restaurant in einer hübschen Ferienanlage bietet gehobene mediterrane und griechische Küche, darunter für die Ionischen Inseln typische Gerichte.

Porto Nikiana

8 Porto Nikiana

Karte J2 ■ Nikiána, Lefkáda ■ +30 26450 71746 ■ €€

Die auf dem Grill zubereiteten Fleisch- und Fischgerichte sind exzellent. Das direkt am Meer gelegene Restaurant bietet außerdem leckere Salate und Desserts.

9 Thymári

Karte J1 ■ Pinelópis 19, Lefkáda-Stadt ■ +30 26450 22266 ■ mittags geschl. ■ €

Das Restaurant verleiht traditionellen griechischen Gerichten eine moderne Note. Es werden viele regionale Weine angeboten.

10 Minás

Karte J2 ■ Nikiána, Lefkáda ■ +30 26450 71480 ■ €€€

Das bezaubernde Lokal liegt direkt am Meer. Es beschäftigt ein eigenes Team von Fischern. Deren Fang wird mit Kräutern aus dem hauseigenen Garten köstlich zubereitet.

Siehe Karte S. 74

TOP 10 Kefaloniá & Itháka

Kefaloniá ist die größte der Ionischen Inseln und die sechstgrößte Insel Griechenlands. Die bewaldete Insel mit dem rund 1600 Meter hohen Aínos bietet traumhafte Landschaften – mit schroffen Küsten, Kiesstränden, Höhlen, rauen Bergen, Quellen und unterirdischen Wasserläufen. Die benachbarte Insel Itháka, ein nahezu unberührtes Idyll, gilt als Heimat des Odysseus. Kefaloniá und Itháka sind vermutlich seit prähistorischer Zeit besiedelt.

Römisches Mosaik, Kefaloniá

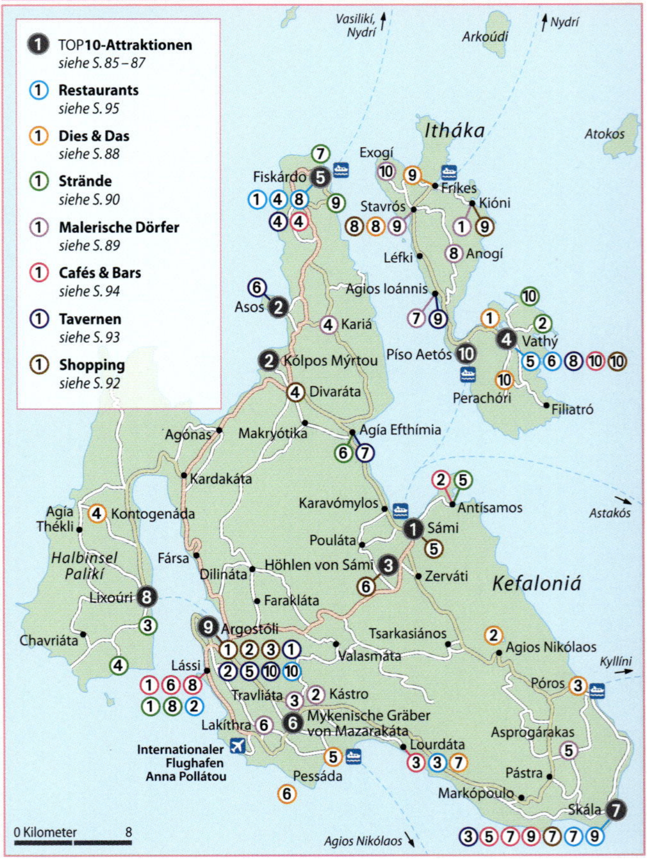

Vorhergehende Doppelseite Der Strand Navágio, Zákynthos

Der Strand Antísamos bei Sámi, Kefaloniá

1 Sámi, Kefaloniá

Karte H5 ■ Ostküste, Kefaloniá

Das nordöstlich der Hauptstadt Argostóli gelegene Sámi ist die größte Hafenstadt Kefaloniás. Die Häuser sind traditionellen Stils, in der Bucht sieht man Boote und Fähren. Sámi bietet viele Restaurants und Bars. In der Nähe liegen der Kiesstrand Antísamos *(siehe S. 90)*, das hübsche Dorf Karavómylos und beeindruckende Höhlen.

2 Asos & Kólpos Mýrtou, Kefaloniá

Karte H4

Das Dorf Asos im Norden von Kólpos Mýrtou ist über eine Straße zu erreichen, die von einem Felsplateau steil hinabführt. Die traditionelle Architektur der Häuser ist bezaubernd. Eine Landbrücke verbindet den kleinen Hafen mit den Ruinen einer venezianischen Burg. Kólpos Mýrtou liegt eine kurze Autofahrt von Asos entfernt. Die beeindruckende Bucht mit den hohen Klippen, dem türkisfarbenen Meer und dem weißen Strand gilt als eine der schönsten der Welt *(siehe S. 28f)*.

3 Höhlen von Sámi, Kefaloniá

Zu den faszinierenden Höhlen nahe Sámi zählt die riesige Tropfsteinhöhle Drogaráti. Sie wurde vor rund 300 Jahren entdeckt, nachdem der Eingang durch ein Erdbeben freigelegt worden war. Von der »königlicher Balkon« genannten Felsformation lassen sich die Stalagmiten und Stalaktiten am besten bewundern. In der Höhle finden Konzerte statt. Weitere beeindruckende Höhlen sind Aggaláki und Melissáni, in der Artefakte aus dem 4. Jahrhundert v. Chr. entdeckt wurden *(siehe S. 30f)*.

Melissáni-Höhle, Kefaloniá

4 Vathý, Itháka

Karte J4

Der Sage nach befindet sich Vathý, der Hauptort und -hafen Ithákas, an der Stätte des von Homer beschriebenen Hafens des Phorkys. Historische Quellen weisen Vathý als im Mittelalter bedeutenden Handelshafen aus. Im 17. Jahrhundert wurde die Architektur stark von der Ionischen Kunstbewegung beeinflusst. Nach dem Erdbeben von 1953 wurde der Ort mit den weißen Häusern wiederaufgebaut – nur wenige Gebäude überstanden das Erdbeben.

Das bezaubernde Dorf Fiskárdo, Kefaloniá

5 Fiskárdo, Kefaloniá

Karte H4 ■ Nordküste, Kefaloniá

Fiskárdo ist das einzige Dorf auf Kefaloniá, das das Erdbeben von 1953 unbeschadet überstand. Es bezaubert mit pastellfarbenen venezianischen Häusern. Der von Zypressenhainen umgebene Ort bietet einen Yachthafen, eine Fähranlegestelle, Tavernen, Bars und einen wunderschönen Ausblick auf die benachbarte Insel Itháka.

6 Mykenische Gräber von Mazarakáta, Kefaloniá

Karte H6 ■ 9 km südöstl. von Argostóli, Kefaloniá

Die im Jahr 1908 entdeckte Anlage gilt als größte Begräbnisstätte aus mykenischer Zeit auf Kefaloniá. Sie besteht aus 17 in den Fels gehauenen unterirdischen Kammern. In der unversehrten, nicht von Grabräubern geplünderten Anlage fanden Archäologen zahlreiche Amphoren, Glasgefäße und andere Grabbeigaben vor.

Erdbeben

Die Ionischen Inseln liegen auf der Ägäischen Platte, die im Norden an die Eurasische, im Osten an die Anatolische und im Süden an die Afrikanische Platte grenzt. Erdbeben treten auf, da sich die Afrikanische unter die Ägäische Platte schiebt. Das Epizentrum des Bebens am 12. August 1953, des stärksten in jüngster Zeit (Magnitude Mw 7,2), lag vor Kefaloniá.

7 Skála, Kefaloniá

Karte J6 ■ Südostküste, Kefaloniá

Der von Kiefernwäldern umgebene Ort an der Südostspitze von Kefaloniá bietet Sandstrände, Restaurants, Clubs, Hotels und Attraktionen für Kinder. Skála verzeichnete nach dem Erdbeben von 1953 große Schäden, nur wenige der ursprünglichen Gebäude blieben erhalten. In der Nähe befinden sich die Ruinen einer römischen Villa. Einige der Bodenmosaiken, die das prächtige Wohnhaus einst schmückten, haben in gutem Zustand überdauert.

8 Lixoúri, Kefaloniá

Karte G5 ■ Halbinsel Palikí, Kefaloniá

Die Geschichte der eleganten Stadt reicht in die Zeit vor der venezianischen Herrschaft zurück. Im 19. und 20. Jahrhundert war Lixoúri als Ferienort bei Schriftstellern und der griechischen Königsfamilie beliebt. Nach dem Erdbeben von 1953 wurden viele Gebäude wiederaufgebaut. Lixoúri ist heute nach Argostóli die zweitgrößte Stadt auf Kefaloniá. Sie befindet sich auf der Halbinsel Palikí und bietet regelmäßige Fährverbindungen zur Inselhauptstadt.

9 Argostóli, Kefaloniá

Die bezaubernde Hauptstadt von Kefaloniá liegt an einer großen Bucht. Die Plateía Valliánou ist lebhaftes Zentrum der Stadt – den Platz

säumen exzellente Restaurants. An der Haupteinkaufsstraße Lithóstroto gibt es hübsche Läden. Argostóli wurde durch das Erdbeben von 1953 nahezu vollständig zerstört. Beim Wiederaufbau wurden die Gebäude originalgetreu rekonstruiert. Das Korgialénio-Museum dokumentiert anhand von Fotografien die durch das Erdbeben verursachten Schäden und den Wiederaufbau *(siehe S. 26f)*.

Straße in Argostóli

10 Píso Aetós, Itháka

Karte J4 ▪ westl. von Vathý, Itháka

Der beschauliche Ort liegt an der Landbrücke, die den Norden und Süden Ithákas verbindet – nahe der antiken Stadt Alalkomenes, die als Standort von Odysseus' Palast gilt. Den Hafen laufen Fähren aus Kefaloniá an. Es gibt einen Kiesstrand.

Tagestour

Vormittags

Beginnen Sie den Tag mit einem herzhaften Frühstück in einer der Tavernen in **Argostóli**. Begeben Sie sich danach auf die Küstenstraße, die zum Dorf **Fiskárdo** an der Nordostspitze der Insel führt. Bei **Agónas** weisen Schilder den Weg nach **Kólpos Mýrtou**. Der Blick auf die Küste an diesem Streckenabschnitt ist atemberaubend. Eine Serpentinenstraße führt zur Bucht hinab. Stärken Sie sich in der kleinen Taverne und genießen Sie den Anblick einer der schönsten Buchten der Welt. An mehreren Aussichtspunkten an der Straße können Sie die Bucht von oben sehen. Nutzen Sie die Gelegenheit, das beeindruckende Panorama auf Fotos festzuhalten.

Nachmittags

Folgen Sie den Schildern nach **Asos**. In dem bezaubernden Dorf können Sie in einer der Tavernen am Hafen mit herrlichem Blick aufs Meer ein Mittagessen einnehmen. Machen Sie sich anschließend auf den Weg nach **Fiskárdo**. Die Straße verläuft ein wenig landeinwärts und führt durch einige malerische Weiler hindurch. Für die Strecke von Asos nach Fiskárdo benötigen Sie rund 30 Minuten. Es lohnt sich jedoch, zwischendurch haltzumachen, um den Blick auf die wunderschöne Landschaft zu genießen. Nach der Besichtigung des reizenden Orts Fiskárdo können Sie entweder auf demselben Weg oder auf der östlichen Küstenstraße über Sámi nach Argostóli zurückfahren.

Siehe Karte S. 84

Dies & Das

1 Lazaréto, Itháka

Karte J4 ■ vor Vathý, Itháka

Die kleine Insel, auf der venezianische Gebäude und eine Kapelle stehen, diente einst als Quarantänestation. Sie bietet bei der Einfahrt in den Hafen von Vathý einen denkwürdigen Anblick.

2 Avithos, Kefaloniá

Karte J5 ■ nahe Agios Nikólaos, Kefaloniá

Der von Bäumen umgebene See ist malerisch. Im Hintergrund ragt der Berg Aínos empor.

3 Póros, Kefaloniá

Karte J6 ■ Südostküste, Kefaloniá

Das Fischerdorf bietet einen Strand, einen Yachthafen und gute Tavernen. Das nahe gelegene Moní Sissíon ist das älteste Kloster auf Kefaloniá.

4 Kontogenáda, Kefaloniá

Karte G5 ■ Halbinsel Palikí, Kefaloniá

In der Nähe des kleinen Dorfs liegen mykenische Gräber. Die mit schönen postbyzantinischen Fresken ausgestatteten Kirchen in Kontogenáda sind ebenfalls sehenswert.

5 Pessáda, Kefaloniá

Karte H6 ■ Südküste, Kefaloniá

Den Sandstrand in der wunderschönen Bucht von Pessáda suchen die Bewohner der Inselhauptstadt Argostóli gerne auf. Ein Pfad führt von der Straße zum Strand.

6 Días, Kefaloniá

Karte H6 ■ vor Argostóli, Kefaloniá

Um die kleine Insel ranken sich viele Legenden. Eine besagt, dass sich auf dem Eiland einst ein Tempel des Zeus befand.

7 Lourdáta, Kefaloniá

Karte H6 ■ Südküste, Kefaloniá

Der zu dem bezaubernden Fischerdorf gehörende Sand- und Kiesstrand ist wunderschön. In der Nähe von Lourdáta befindet sich ein im 13. Jahrhundert erbautes Kloster.

8 Kólpo tis Polís, Itháka

Karte H4 ■ nahe Stavrós, Itháka

In der Bucht befindet sich eine Höhle, die in der Antike vermutlich als Heiligtum der Göttinnen Athene, Artemis und Hera diente.

9 Fríkes, Itháka

Karte H4 ■ nördl. von Vathý, Itháka

In dem kleinen Dorf erhalten Besucher Einblick in das Alltagsleben auf Itháka. Der hübsche Hafen bietet Fährverbindungen nach Lefkáda und Kefaloniá.

10 Perachóri, Itháka

Karte J4 ■ nahe Vathý, Itháka

Das Dorf wird vom Moní Taxiarchón, einem den Erzengeln Michael und Gabriel geweihten Kloster, geprägt. Perachóri ist zudem für die Produktion von hochwertigen Bio-Lebensmitteln bekannt.

Bucht von Pessáda

Malerische Dörfer

Hafen von Kióni, Itháka

1 Kióni, Itháka

Karte J4 ■ nahe Fríkes, Itháka

Kióni gehört zu den wenigen Dörfern, die 1953 von dem Erdbeben verschont blieben. Es besitzt hübsche, jahrhundertealte Bauwerke, darunter einige Windmühlen.

2 Kástro, Kefaloniá

Karte H6 ■ nahe Pessáda, Kefaloniá

Das Dorf mit den weiß getünchten venezianischen Häusern und der imposanten byzantinischen Festung Agios Geórgios war einst die Hauptstadt von Kefaloniá.

3 Travliáta, Kefaloniá

Karte H6 ■ nordwestl. von Lourdáta, Kefaloniá

Die Dorfbewohner leben von Landwirtschaft. Die meisten Häuser wurden nach dem Erdbeben von 1953 wiederaufgebaut. Travliáta bietet Blick auf eine herrliche Landschaft.

4 Kariá, Kefaloniá

Karte H4

Kariá gehört wie Varí, Patrikáta und Komitáta zu einer Gruppe von Bergdörfern, die sich im Lauf der Jahrhunderte wenig verändert haben. Es bietet atemberaubende Ausblicke.

5 Asprogárakas, Kefaloniá

Karte J6 ■ nahe Póros, Kefaloniá

Das idyllische Dorf ist von Olivenhainen umgeben. In Asprogárakas sind Mauerreste aus mykenischer Zeit erhalten.

6 Lakíthra, Kefaloniá

Karte H6 ■ nahe Argostóli, Kefaloniá

Lakíthra besitzt trotz der Lage nahe dem Flughafen traditionelles Flair. Überall im Dorf eröffnen sich wunderschöne Ausblicke auf die Küste.

7 Agios Ioánnis, Itháka

Karte H4

Agios Ioánnis zählt zu den schönsten Dörfern auf Itháka. Es bezaubert mit von Bougainvilleen umrankten Häusern und tollem Blick aufs Meer.

8 Anogí, Itháka

Karte J4 ■ nahe Kióni, Itháka

Hübsche steinerne Häuser, die Kirche Kimíseos tis Theotókou mit byzantinischen Fresken und ein grandioser Meerblick kennzeichnen das Dorf auf dem Berg Níritos.

Kimíseos tis Theotókou, Anogí, Itháka

9 Stavrós, Itháka

Karte H4 ■ Norden von Itháka

Die zweitgrößte Ortschaft der Insel Itháka verströmt historisches Flair, da die vielen venezianischen Bauten das Erdbeben von 1953 überstanden.

10 Exogí, Itháka

Karte H4 ■ Norden von Itháka

Exogí ist das nördlichste Dorf auf Itháka. Es liegt sehr abgeschieden – meist ist der einzig vernehmbare Klang das Zwitschern der Vögel. Der Ausblick von dem hoch gelegenen Dorf reicht bis nach Kefaloniá.

Siehe Karte S. 84

Strände

1 Makrís Gialós, Kefaloniá

Karte G6 ■ Lássi, Kefaloniá

Der schöne Sandstrand liegt eine kurze Strecke südlich von Argostóli. Schwimmer finden hervorragende Bedingungen vor.

Sarakíniko, Itháka

2 Sarakíniko, Itháka

Karte J4 ■ Vathý, Itháka

Der Strand südwestlich von Vathý wird wegen des sicheren Gewässers gern zum Schwimmen aufgesucht. In der Bucht ankern viele Yachten.

3 Lépeda, Kefaloniá

Karte G5 ■ Halbinsel Palikí, Kefaloniá

Den Strand, der sich südlich von Lixoúri erstreckt, kennzeichnen außergewöhnliche Felsformationen. Der Blick über die Bucht nach Argostóli ist grandios. An dem Strand herrscht eine ruhige Atmosphäre.

4 Xi, Kefaloniá

Karte G6 ■ Halbinsel Palikí, Kefaloniá

Der nahe Lixoúri gelegene Strand mit tiefem roten Sand zählt zu den beliebtesten an der Südküste der Halbinsel Palikí. Er bietet Schwimmern sichere Bedingungen.

5 Antísamos, Kefaloniá

Karte J5 ■ Sámi, Kefaloniá

Schwimmer finden an dem wunderschönen Strand beste Bedingungen vor. Antísamos diente 2001 als Drehort für den Film *Corellis Mandoline* *(siehe S. 29)*.

6 Agía Efthimía, Kefaloniá

Karte H5 ■ Sámi, Kefaloniá

Den Hafen des an der Ostküste gelegenen Fischerdorfs laufen viele Segelboote an. Agía Efthimía bietet einen langen Kiesstrand.

7 Emplysi, Kefaloniá

Karte H4 ■ Fiskárdo, Kefaloniá

Von den Stränden nahe Fiskárdo ist Emplysi der schönste. Er liegt gut einen Kilometer von dem Dorf entfernt geschützt in einer Bucht. Der Weg zum Strand führt durch Oliven- und Zypressenhaine.

8 Platís Gialós, Kefaloniá

Karte G6 ■ Lássi, Kefaloniá

Der bei Wassersportlern beliebte Sandstrand liegt ein kleines Stück südlich von Makrís Gialós. Er ist durch eine Landbrücke mit einer kleinen Insel verbunden.

9 Fóki, Kefaloniá

Karte H4 ■ Fiskárdo, Kefaloniá

Der Strand mit felsigem Untergrund, Schatten spendenden Bäumen und klarem blauen Wasser gehört zu den beliebtesten der Strände, die sich nahe Fiskárdo erstrecken.

10 Gidáki, Itháka

Karte J4 ■ nahe Vathý, Itháka

An dem wenige Besucher zählenden Strand herrscht idyllische Ruhe. Gidáki wird zwar im Sommer von Vathý aus täglich von Booten angefahren, ansonsten ist der Strand jedoch nur über einen Wanderweg zu erreichen.

Strand am türkisfarbenen Meer, Itháka

Sport & Aktivurlaub

Boote im Hafen von Asos, Kefaloniá

1 Segeln

Mit Segel- oder Bootsführerschein kann man auf Kefaloniá und Itháka große Yachten und Motorboote mieten. In den meisten Ferienorten werden auch kleine Boote verliehen, mit denen man gut die Buchten erkunden kann.

2 Naturpfade

Auf den beiden Inseln gibt es nur wenige ausgewiesene Naturpfade. Eine Ausnahme bildet der Nationalpark um den Berg Aínos im Süden Kefaloniás. Es sind aber gute Karten für eine individuelle Routenplanung erhältlich.

3 Schwimmen

Das klare Wasser um Kefaloniá und Itháka lädt zum Schwimmen ein. An den Westküsten ist jedoch wegen der starken Strömungen Vorsicht geboten – auch am Strand Mýrtou in der malerischen Bucht.

4 Tauchen & Schnorcheln

Die Höhlen und Felsen an den vielen Buchten sind ideales Terrain zum Schnorcheln und Tauchen. Das klare Wasser garantiert beste Sicht.

5 Archäologische Führungen

Hotels informieren über organisierte Ausflüge. Stätten wie Paleochóra und die römische Villa bei Skála *(beide siehe S. 41)* kann man auf eigene Faust erkunden.

6 Radfahren

Auf beiden Inseln kann man Mountainbikes mieten. Das Terrain ist allerdings sehr anspruchsvoll. Tourenräder können in vielen Hotels und bei anderen Anbietern ausgeliehen werden.

7 Seekajakfahren

Seekajakfahren gewinnt auf Kefaloniá an Beliebtheit. Die ruhigen Gewässer in den Buchten eignen sich gut für diese Sportart, die sich relativ leicht erlernen lässt.

8 Reiten

Die Landschaft von Kefaloniá und Itháka bei einem geführten Ausritt zu erkunden, ist ein großartiges Erlebnis. Einige Ställe und kleine Reitschulen bieten diese Möglichkeit an *(siehe S. 69)*.

9 Wassersport

An vielen Stränden, darunter Makrís Gialós, Lépeda und Xi *(alle siehe S. 90)*, kann man Wassersport betreiben. Windsurfen und Wasserskifahren sind besonders beliebt.

10 Wandern

Kefaloniá und Itháka bieten Wanderern ideale Bedingungen. Auf Itháka gibt es mehrere ausgeschilderte Wanderwege, die zu malerischen Dörfern und großartigen Aussichtspunkten führen. Informationen bietet das Fremdenverkehrsbüro der Insel.

Siehe Karte S. 84

Shopping

1 Tzannatos, Kefaloniá

Karte G5 ■ Lithóstroto 40, Argostóli, Kefaloniá ■ +30 26710 28665 ■ www.tzannatos.com

Der Laden bietet seit 1904 handgearbeiteten Schmuck aus Gold, Silber und anderen Edelmetallen.

2 Garbis, Kefaloniá

Karte G5 ■ Lithóstroto 24, Argostóli, Kefaloniá ■ +30 26710 23164 ■ www.garbisjewellers.com

Der Juwelier Nick Garbis entwarf den Schmuck, den Penelope Cruz in dem Film *Corellis Mandoline* trug. Er verkauft Stücke in zeitgenössischem und antikem Design – in Gold und Silber sowie mit Edelsteinen.

Garbis, Kefaloniá

3 Down the Rabbit Hole, Kefaloniá

Karte G5 ■ Plateía Kambánas, Argostóli, Kefaloniá ■ +30 26714 00274

Die aus England stammende Karen Fozzard bietet in ihrem wunderbaren kleinen Laden erschwingliche Originalgemälde, Kunsthandwerk, Emailwaren und Schmuckstücke an.

4 Myrtillo, Kefaloniá

Karte H4 ■ Divaráta, Kefaloniá ■ +30 26747 70145

Die in dem Laden angebotenen regionalen Spezialitäten – u. a. Kräuter, Gewürze, Honig, Oliven und Süßwaren – eignen sich hervorragend als Souvenirs.

5 IN Gallery, Kefaloniá

Karte H5 ■ Agglías 16, Sámi, Kefaloniá ■ +30 26740 22885 ■ www.ingallerykefalonia.com

In der schicken Galerie sind Gemälde mit Insellandschaften, Ikonen, Keramiken und handgearbeiteter Schmuck erhältlich.

6 Annikas Greek Handicrafts, Kefaloniá

Karte H5 ■ Chorofylakís, Sámi, Kefaloniá ■ +30 69387 62384 ■ www.annikas.gr

In der nahe der Drogaráti-Höhle gelegenen Werkstatt kann man Drechslern und anderen Kunsthandwerkern bei der Arbeit zusehen.

7 Mandola, Kefaloniá

Karte J6 ■ Skála, Kefaloniá ■ +30 26701 83176 ■ Okt–Mai geschl.

Der hübsch eingerichtete Laden bietet Kunsthandwerk. Die einem gemeinsamen Thema folgenden Stücke sind ein Augenschmaus – und großartige Souvenirs.

8 Aliki, Itháka

Karte H4 ■ Stavrós, Itháka ■ +30 26740 32110 ■ Okt–Mai geschl.

Das Sortiment an klassischen griechischen Produkten in dem kleinen Laden beinhaltet Kunsthandwerk, Spirituosen, Konfitüren, Bio-Honig, Kräuter und Konfekt.

9 Amfitriti, Itháka

Karte J4 ■ Kióni, Itháka ■ +30 26740 31034 ■ Okt–Mai geschl.

Neben handgearbeiteten Halsketten, Anhängern und Armbändern aus Silber und Gold werden Gemälde, Keramiken, Produkte aus Olivenholz und Webteppiche angeboten.

10 Nostalgia, Itháka

Karte J4 ■ Vathý, Itháka ■ +30 26740 33113 ■ www.nostalgia-ithaki.com

Die Schmuckstücke, Geschenkartikel und Haushaltswaren wurden von Kunsthandwerkern gefertigt.

Tavernen

Preiskategorien
Preis für ein Drei-Gänge-Menü pro Person mit einer halben Flasche Wein, inklusive Steuern und Service.

€ unter 30 € €€ 30–50 € €€€ über 50 €

1 Taverna Patsouras, Kefaloniá

Karte G5 ▪ Leóforos Antóni Trítsi, Argostóli, Kefaloniá ▪ +30 26711 02960 ▪ €€

Spezialität des Lokals mit der hübschen Terrasse ist *chirinó krasáto* – Schweinefleisch in Weinsauce.

2 Paliá Pláka, Kefaloniá

Karte G5 ▪ Ioánnis Metaxá 2, Argostóli, Kefaloniá ▪ +30 26710 24849 ▪ www.paliaplaka.gr ▪ €

Die inseltypischen Spezialiäten wie Fischpastete und Kanincheneintopf sind bei Einheimischen beliebt.

3 Apostolis Taverna, Kefaloniá

Karte J6 ▪ Skála, Kefaloniá ▪ +30 26710 83013 ▪ Okt–Mai geschl. ▪ www.apostolistaverna.com ▪ €€

Auf der Terrasse und im Gastraum werden *stifádo* (Rinderschmortopf), *souvláki* vom Lamm und andere regionale Speisen serviert.

4 Nicolas Taverna, Kefaloniá

Karte H4 ▪ Fiskárdo, Kefaloniá ▪ +30 26740 41307 ▪ www.nicolasrooms.com ▪ €€

Die Terrasse bietet Blick auf den Hafen von Fiskárdo. Die klassische griechische Küche beinhaltet regionale Spezialitäten.

5 Ladókola, Kefaloniá

Karte G5 ▪ Kalypsoú Vergotí 2, Argostóli, Kefaloniá ▪ +30 26710 25522 ▪ €

Das Ambiente ist leger. *Chirinó krasáto* (Schweinefleisch in Weinsauce), *souvláki*, Brathähnchen und andere traditionelle Speisen werden auf Papiersets serviert.

6 Plátanos, Kefaloniá

Karte H4 ▪ Asos, Kefaloniá ▪ +30 26740 51381 ▪ €€

Auf der Terrasse der Taverne genießen Gäste im Schatten einer großen Platane hervorragend zubereitetes Seafood.

Plátanos, Kefaloniá

7 To Pérasma, Kefaloniá

Karte H5 ▪ Agía Efthimía, Kefaloniá ▪ +30 26740 61990 ▪ €€

Die Gerichte basieren auf seit Generationen bekannten Rezepten. Es werden Bio-Zutaten verwendet.

8 Trechantíri, Itháka

Karte J4 ▪ Vathý, Itháka ▪ +30 26740 33444 ▪ Okt–Mai geschl. ▪ €€

Die familiengeführte Taverne besitzt eine lange Tradition. Sie begeistert mit klassischer Hausmannskost.

9 To Cháni, Itháka

Karte H4 ▪ Kionioú – Péra Pigadíou, Agios Ioánnis, Itháka ▪ +30 68424 87436 ▪ €

Die Taverne ist auf Gerichte mit Ziegenfleisch spezialisiert. Zudem genießen Gäste einen grandiosen Meerblick.

10 El Greco, Kefaloniá

Karte G5 ▪ Kalipsoú Vergotí, Argostóli, Kefaloniá ▪ +30 26710 24449 ▪ €€

Die bei Einheimischen beliebte Taverne bietet in der Inselhauptstadt ländliches Flair und gute Küche.

Siehe Karte S. 84

Cafés & Bars

1 Nefeli, Kefaloniá

Karte G6 ▪ Lássi, Kefaloniá ▪ +30 26710 25203

Die Taverne lädt zu einem traditionellen mediterranen Frühstück ein. Außerdem gibt es kleine Mahlzeiten aus dem Holzofen.

2 Antísamos, Kefaloniá

Karte H5 ▪ Antísamos, Sámi, Kefaloniá ▪ +30 69446 76863 ▪ Okt–Mai

In der von Palmen umgebenen Strandbar kann man den ganzen Tag über Cocktails, Bier, Fruchtsäfte, Seafood und Burger genießen.

3 Muses Café Bar, Kefaloniá

Karte H6 ▪ Lourdáta, Kefaloniá ▪ +30 26710 31175

Kaffee, Cocktails und Snacks sowie die gute Musik locken viele Gäste an. Auf Großbildfernsehern laufen Sportübertragungen.

4 Le Passage, Kefaloniá

Karte H4 ▪ Hafen von Fiskárdo, Kefaloniá ▪ +30 26740 41505 ▪ Okt–Mai geschl.

In der im ländlichen Stil eingerichteten schicken Bar werden zu Kaffee, Fruchtshakes und Cocktails hervorragende Snacks serviert.

5 Veto Bar, Kefaloniá

Karte J6 ▪ Skála, Kefaloniá ▪ +30 26710 83015

Die große Bar ist für hervorragende Cocktails bekannt. Bier und Snacks gehören ebenfalls zum Angebot. Auf Fernsehern kann man Sportereignisse verfolgen.

6 Logos Grand View, Kefaloniá

Karte G6 ▪ Lássi, Kefaloniá ▪ +30 26714 00005 ▪ Okt–Mai geschl. ▪ www.logosgrandview.com

Auf der Terrasse der an einem Hügel gelegenen Lounge kann man bei Cocktails und Bistro-Gerichten herrliche Sonnenuntergänge erleben.

7 Captain's Lounge Bar, Kefaloniá

Karte J6 ▪ Skála, Kefaloniá ▪ +30 26710 83389 ▪ Okt–Mai geschl. ▪ www.captainshouse.net

Die Auswahl an Cocktails in der eleganten Bar mit hübscher Terrasse ist riesig.

8 Eden Bar, Kefaloniá

Karte G6 ▪ Lássi, Kefaloniá ▪ +30 26710 26734 ▪ Okt–Mai geschl.

Die Tische der Bar stehen in einem wunderschönen Garten. In geselliger Atmosphäre genießt man großartige Cocktails.

9 Akri, Kefaloniá

Karte J6 ▪ Skála, Kefaloniá ▪ +30 26710 83229

In der Bar begeistern die Cocktailkreationen und die Musik.

10 Karamela, Itháka

Karte J4 ▪ Hafen von Vathý, Itháka ▪ +30 26740 33567 ▪ Okt–Mai geschl.

Das bezaubernde Café bietet nicht nur Gebäck und Kuchen, sondern auch Cocktails und Livemusik.

Veto Bar, Kefaloniá

Restaurants

1 Tassia Restaurant, Kefaloniá

Karte H4 ■ Hafen von Fiskárdo, Kefaloniá ■ +30 26740 41265 ■ Nov – Apr geschl. ■ www.tassia.gr ■ €€€

Das von der renommierten Köchin und Autorin Tassía Dendrinoú geführte Lokal ist für die exzellenten Fischgerichte und Weine bekannt.

2 Blue Sky Restaurant, Kefaloniá

Karte G6 ■ Lássi, Kefaloniá ■ +30 26710 22713 ■ Nov – Apr geschl. ■ €€

Das schicke Restaurant bietet einfallsreich zubereitete griechische Speisen. An manchen Abenden wird Livemusik gespielt.

3 Andromeda, Kefaloniá

Karte H6 ■ Lourdáta, Kefaloniá ■ +30 26710 31413 ■ Nov – Apr geschl. ■ €€

Zu dem gehobenen Restaurant mit griechischer Küche gehört eine Gartenanlage mit Blick auf die Bucht.

4 Elli's, Kefaloniá

Karte H4 ■ Hafen von Fiskárdo, Kefaloniá ■ +30 26740 41127 ■ Okt – Mai geschl. ■ €€

Das Lokal in einem venezianischen Kaufmannshaus ist auf Fischgerichte spezialisiert, bietet aber auch gute vegetarische Speisen.

5 Sirens Restaurant, Itháka

Karte J4 ■ Itháka Yacht Club, Vathý, Itháka ■ +30 26740 33001 ■ www.sirines.eu ■ €€€

In dem Restaurant genießen Gäste traditionelle Gerichte wie Schmortopf vom Lamm oder Huhn sowie hervorragende Weine.

6 Poseidon, Kefaloniá

Karte J4 ■ Vathý, Itháka ■ +30 69737 80189 ■ Nov – Apr geschl. ■ €

Zu den Spezialitäten des Lokals zählen Schwertfisch, Hummer und Tintenfisch. Außerdem gibt es Fleischgerichte vom Holzkohlegrill.

7 O Gourgouris, Kefaloniá

Karte J6 ■ Skála, Kefaloniá ■ +30 26710 83584 ■ €

In dem exzellenten Grillrestaurant schaffen traditionelle Steinmauern ein gemütliches Ambiente.

8 Vasso's Restaurant, Kefaloniá

Karte H4 ■ Fiskárdo, Kefaloniá ■ +30 26740 41276 ■ www.vassosrestaurant.com ■ €€

Neben Gourmetgerichten wie Linguine mit Languste stehen preiswerte Optionen wie gebratene Zucchini und Fleischpasteten auf der Karte.

The Pines, Kefaloniá

9 The Pines, Kefaloniá

Karte J6 ■ Skála, Kefaloniá ■ +30 26710 83216 ■ €

Die Terrasse des von Bougainvilleen umrankten Hauses bietet eine schöne Aussicht. Das Restaurant mit griechischer und internationaler Küche empfiehlt sich zum Brunch oder zum Abendessen.

10 Kiani Akti

Karte G5 ■ Ioánnis Metaxá 11, Argostóli, Kefaloniá ■ +30 69776 45292 ■ €

Auf der ins Meer ragenden Terrasse genießen Gäste köstliches Seafood. Außerdem kann man die für Kefaloniá typische Spezialität - Hähnchen in Weinsauce – kosten.

Siehe Karte S. 84; Preiskategorien siehe S. 93

TOP 10 Zákynthos

Ikone, byzantinisches Museum, Zákynthos-Stadt

Die südlichste der Ionischen Inseln prägen von Zypressen bestandene Berge, traumhafte Strände und faszinierende Höhlen. Zákynthos ist Lebensraum von Mittelmeer-Mönchsrobben und Unechten Karettschildkröten. In den Ortschaften überstanden nur wenige Gebäude das Erbeben von 1953. Die venezianische Festung in Zákynthos-Stadt gehört jedoch zu den verbliebenen Zeugnissen der wechselvollen Geschichte der Insel.

Hafen von Zákynthos-Stadt

1 Zákynthos-Stadt

Die Plateía Solomoú, einer der eleganten Plätze in Zákynthos-Stadt, ist lebhaftes Zentrum des Orts. Die meisten Sehenswürdigkeiten liegen in der Nähe des Platzes. Das Museío Solomoú, das Nautikó Museío und die dem Schutzpatron der Insel geweihte Kirche Agíou Dionysíou zählen zu den Hauptattraktionen. Von der venezianischen Festung nördlich des Stadtzentrums eröffnet sich eine wunderbare Aussicht *(siehe S. 32f)*.

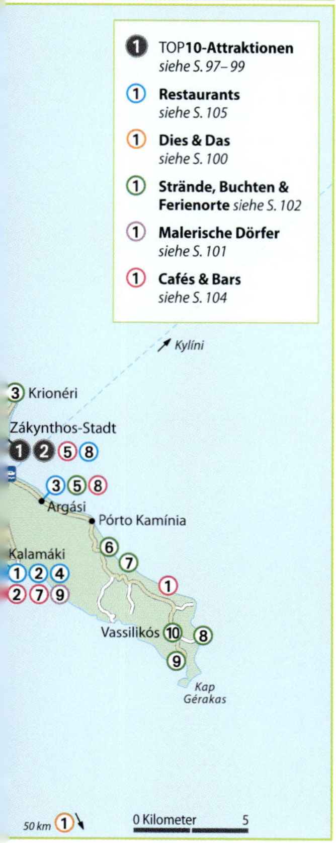

2 Byzantinisches Museum, Zákynthos-Stadt

Das Museum zeigt Ikonen und Fresken, die aus durch das Erdbeben von 1953 beschädigten Klöstern und Kirchen geborgen wurden. Zu den wertvollsten Exponaten gehören das Gemälde *Kreuzabnahme* aus der Kirche Agios Andréa ton Kípon, ein Templon aus der Kirche Agíou Dimitríou in Kola sowie hellenistische und byzantinische Skulpturen. Ein Modell von Zákynthos-Stadt zeigt den Zustand vor dem Erdbeben *(siehe S. 34f)*.

3 Blaue Grotten

Karte K1 ■ Kap Skinári, Zákynthos

Die vom Meer geformten Höhlen an der Nordspitze von Zákynthos sind von dem Dorf Agios Nikólaos per Boot zu erreichen. Die größte Höhle, in deren Nähe sich ein Leuchtturm befindet, wurde Ende des 20. Jahrhunderts entdeckt. Sie besteht aus zwei Kammern. Der Anblick des durch die einfallenden Sonnenstrahlen saphirblau leuchtenden Wassers ist atemberaubend.

Blaue Grotten

4 Melinádo

Karte L2 ▪ nahe Lagópodo, Zákynthos

Das im Zentrum der Insel hoch gelegene Dorf ist von Olivenhainen umgeben. Der Ausblick auf die Landschaft ist herrlich. In Melinádo sind Relikte eines imposanten Tempels erhalten, der der Göttin Artemis geweiht war. Jüngst förderten Ausgrabungen wertvolle Funde wie antike Münzen und bauliche Schmuckelemente zutage. In Melinádo befinden sich auch die Ruinen einer Kirche.

Agía Mávra, Machairádo

5 Machairádo

Karte L2 ▪ nahe Melinádo, Zákynthos

Das Dorf ist seit Jahrhunderten ein Zentrum der Landwirtschaft. Die Kirche Agía Mávra (14. Jh.) mit dem venezianischen Glockenturm zieren Fresken und eine prächtige Ikonostase. Die als wundertätig verehrte Ikone der Agía Mávra ist stets reich mit Opfergaben geschmückt. Gläubige bekreuzigen sich zweimal vor der Ikone und küssen sie als Zeichen der Ehrfurcht.

6 Laganás

Karte L3 ▪ Südküste, Zákynthos

Die Bucht nahe dem Dorf ist bei Wassersportlern beliebt. Der Strand ist jedoch vor allem dafür bekannt, dass er von Unechten Karettschildkröten zur Fortpflanzung aufgesucht wird. Nach der Paarung im Meer kriechen die Weibchen an Land und vergraben ihre Gelege im Sand. Die Tierschutzorganisation ARCHELON setzt sich für den Erhalt des Nistplatzes ein *(siehe S. 100)*.

Agios Dionýsios

Der Schutzheilige von Zákynthos lebte im 16./17. Jahrhundert als Mönch in dem Kloster Moní Panagías Anafonítrias *(siehe S. 45)*. Nach einer Reise in das Heilige Land wurde er Bischof der Inseln Ägina und Póros. Seine sterblichen Überreste liegen in einem silbernen Sarg in der Kirche Agíou Dionysíou in Zákynthos-Stadt.

7 Kerí

Karte L3 ▪ Süden von Zákynthos

Das hoch in den Bergen gelegene Dorf ist eines der wenigen auf Zákynthos, die das Erdbeben von 1953 unbeschadet überstanden. Steinerne Häuser säumen die verwinkelten Gassen. Besucher können in Kerí dem traditionellen, jahrhundertealten Lebensstil auf Zákynthos nachspüren. In dem von Weinbergen und Olivenhainen umgebenen Dorf werden hervorragende Weine und Öle hergestellt. Kerí bietet wunderbaren Meerblick.

8 Volímes

Karte K1 ▪ Nordwesten von Zákynthos

Die meisten Häuser in Volímes sind original erhalten. Das im gebirgigen Nordwesten der Insel nahe dem Strand Navágio gelegene hübsche Dorf ist in die Bereiche Ano und Káto Volímes unterteilt. Die im venezianischen Barockstil erbaute Kirche Agía Paraskeví besitzt eine vergoldete Ikonostase. Volímes ist für exzellentes Textilhandwerk bekannt.

→ Siehe Karte S. 96f

Moní Panagías Anafonítrias

9 Anafonítria

Karte K2 ■ nahe Volímes, Zákynthos

Das bezaubernde Dorf ist von Weinbergen umgeben, die Häuser sind von Wein umrankt. In dem Kloster Moní Panagías Anafonítrias *(siehe S. 45)* lebte der Schutzheilige von Zákynthos, Agios Dionýsios. Zu der gut erhaltenen Anlage gehören ein mittelalterlicher Turm und eine kleine Kirche mit einer kunstvoll aus Holz gearbeiteten Ikonostase.

10 Navágio

Karte K1 ■ Westküste, Zákynthos

Der in einer wunderschönen Bucht mit steil emporragenden Klippen gelegene Strand mit dem Wrack eines Frachtschiffs ist weltweit bekannt. Von Volímes aus führt eine Straße zu einer Aussichtsplattform. Der Strand selbst ist nur per Boot erreichbar.

Der Strand Navágio

Tagestour

Vormittags

Nehmen Sie in **Zákynthos-Stadt** in einer der vielen Tavernen an der Plateía Solomoú ein Frühstück ein. Folgen Sie dann der Küstenstraße Richtung Norden zum **Kap Krionéri** *(siehe S. 102)*. Genießen Sie den wundervollen Blick aufs Meer. Fahren Sie weiter nach **Tsiliví** *(siehe S. 100)*. Erfrischen Sie sich in einer der Tavernen in dem beliebten Ferienort mit einem Getränk. Die Tour führt dann über **Plános** *(siehe S. 102)* nach **Alykés** *(siehe S. 100)*. An dem bei Windsurfern beliebten Strand bieten mehrere Tavernen traditionelle griechische Küche. Kehren Sie in einem der Lokale zum Mittagessen ein.

Nachmittags

Verlassen Sie nun den lebhaften Ferienort Alykés und fahren Sie landeinwärts nach **Katastári** *(siehe S. 100)*, dem größten Dorf der Insel. Weiter Richtung Norden erreichen Sie hinter Katastári eine Abzweigung. Wenn Sie die Straße nach Westen wählen, geht die Fahrt nach **Volímes**. Wenn Sie in nördlicher Richtung weiterfahren, gelangen Sie auf eine kleine Bergstraße, die bei wunderbarem Meerblick durch eine faszinierende Landschaft führt. Besuchen Sie den Strand **Xígia** *(siehe S. 100)* mit dem schwefelhaltigen Wasser. Für eine Besichtigung der **Blauen Grotten** folgen Sie den Schildern nach **Agios Nikólaos**. Nach einer Bootsfahrt zu den beeindruckenden Höhlen kehren Sie entweder über Volímes oder auf der Küstenstraße nach Zákynthos-Stadt zurück.

Dies & Das

1 Strofádes
Südöstl. von Zákynthos

Die 60 Kilometer von Zákynthos entfernt gelegenen kleinen Inseln Arpyia und Stamfáni gehören zum Meeresnationalpark von Zákynthos.

2 Alykés
Karte L2 ▪ Ostküste, Zákynthos

Der bei Familien beliebte Ferienort bietet Sandstrände mit seichtem Wasser, Wassersportmöglichkeiten und viele Tavernen. Der Strand Xígia liegt in der Nähe.

Taverne mit Meerblick, Kampí

3 Kampí
Karte K2 ▪ Westküste, Zákynthos

In dem Dorf kann man atemberaubende Sonnenuntergänge erleben. Der beste Aussichtspunkt befindet sich auf dem Hügel, auf dem ein Kreuz aufgebaut ist.

4 Agios Sóstis
Karte L3 ▪ Bucht von Laganás

Die kleine Felsinsel vor der Südküste von Zákynthos ist durch eine Holzbrücke mit dem Dorf Agios Sóstis verbunden.

5 Katastári
Karte L2 ▪ nahe Alykés, Zákynthos

Da die Bebauung entlang der Hauptstraße bis zum Meer hinab den Höhenlinien des Geländes folgt, gleicht die Anlage des Dorfs einem Amphitheater. Der Meerblick ist grandios.

6 Tsiliví
Karte L2 ▪ Ostküste, nahe Zákynthos-Stadt

Tsivilí ist neben Alykés der beliebteste Ferienort an der Ostküste von Zákynthos. Er bietet viele Restaurants und Tavernen, Hotels, Attraktionen für Kinder und einen Strand.

7 Vrachíonas
Karte K2

Der Gipfel des 758 Meter hohen, bewaldeten Bergs ist der höchste Punkt auf Zákynthos. Der Vrachíonas befindet sich im Zentrum der Insel. An den Hängen liegen winzige Dörfer wie Gírio und Loúcha.

8 Strand von Laganás

Den Strand suchen Unechte Karettschildkröten von Mai bis August zur Eiablage auf. Die Weibchen vergraben die Gelege tief im Sand. Unechte Karettschildkröten sind vom Aussterben bedroht *(siehe S. 98)*.

9 Agios Ioánnis
Karte K2 ▪ westl. von Zákynthos

Die vor Pórto Vrómi in der Bucht Kólpo Vrómi gelegene Insel bietet vielen Tieren Lebensraum. Der Blick von Agios Ióannis auf die Küste von Zákynthos ist grandios.

10 Xígia
Karte L1 ▪ Ostküste, Zákynthos

Der kleine Strand liegt in einer hübschen Bucht. Er ist für die Schwefelquelle bekannt, die sich in einer nahe gelegenen Grotte befindet. Dem schwefelhaltigen Wasser wird heilende Wirkung zugeschrieben.

Sonnenuntergang am Strand Xígia

Malerische Dörfer

Das beschauliche Dorf Lagópodo

1 Ambelókipoi

Karte L2 ■ südwestl. von Zákynthos-Stadt

Das von der Landwirtschaft geprägte Dorf bietet herrlichen Blick auf die Berge. Es ist nahe dem Flughafen und Zákynthos-Stadt günstig gelegen.

2 Lithakiá

Karte L3 ■ Süden von Zákynthos

Der malerische Weiler entwickelt sich zu einem Ferienort mit einer steigenden Anzahl von Tavernen. Das Wasser vor dem Strand ist seicht.

3 Romíri

Karte L2 ■ nördl. von Mouzáki, Zákynthos

Der Lebensstil in dem abgeschiedenen Dorf ist traditionell. Romíri bietet wunderschöne Aussicht auf die weite Landschaft im Osten und auf die Berge im Westen.

4 Pantokrátoras

Karte L3 ■ nahe Lithakiá, Zákynthos

Das Dorf liegt in einer von Olivenbäumen geprägten Landschaft. Besucher können dem traditionellen Lebensstil nachspüren und den nahe gelegenen Strand genießen.

5 Mouzáki

Karte L3 ■ nördl. von Pantokrátoras, Zákynthos

Das im frühen 16. Jahrhundert gegründete Dorf hat seinen ursprünglichen Charakter bewahrt. In Mouzáki werden viele Traditionen gepflegt.

6 Kalipádo

Karte L2 ■ nordwestl. von Zákynthos-Stadt

Das Dorf mit den steinernen Häusern und hübschen Kirchen hat sich im Lauf der Zeit kaum verändert.

7 Lagópodo

Karte L2 ■ am Fuß des Vrachíonas, Zákynthos

In dem von Olivenhainen umgebenen Dorf herrscht idyllische Ruhe. Lagópodo liegt nicht weit von Machairádo entfernt.

8 Agalás

Karte L3 ■ nördl. von Kerí, Zákynthos

Die für den Südwesten von Zákynthos typischen bewaldeten Täler und die zerklüftete Küste bilden die malerische Kulisse von Agalás. In dem Dorf werden jahrhundertealte Bräuche gepflegt.

9 Kalamáki

Karte M3 ■ Südküste, Zákynthos

Der Strand von Kalamáki ist einer der schönsten an der Südküste von Zákynthos. Er ist wegen des feinen Sands und des seichten Wassers bei Familien beliebt.

10 Laganás

Das für Bars, Clubs und eine trubelige Atmosphäre bekannte Laganás ist im Kern eine traditionelle Gemeinde. Vor dem Erstarken des Fremdenverkehrs lebten die Bewohner vom Fischfang. Die Bucht lockt Windsurfer an, der Strand ist wegen der Unechten Karettschildkröten bekannt *(siehe S. 98 & S. 100)*.

Siehe Karte S. 96f

Strände, Buchten & Ferienorte

1 Pórto Vrómi

Karte K2 ■ Westküste, Zákynthos

Die schöne Bucht ist über eine Straße von Anafonítria aus zu erreichen. In der Bucht liegt die Insel Agios Ioánnis *(siehe S. 100)*.

2 Exo Chóra

Karte K2 ■ Westküste, Zákynthos

Die Bucht nahe dem Ort Exo Chóra ist unspektakulär. Das Dorf selbst ist aber bezaubernd: Viele Häuser stammen noch aus der Zeit vor dem Erdbeben von 1953.

3 Kap Krionéri

Karte M2 ■ nahe Zákynthos-Stadt

An dem rund einen Kilometer nördlich von Zákynthos-Stadt gelegenen Kap befindet sich ein kleiner Kiesstrand.

4 Plános

Karte L2 ■ nahe Zákynthos-Stadt

Das Dorf an der Ostküste von Zákynthos entwickelt sich zu einem beliebten Ferienort. Es bietet einen schönen Sandstrand an ruhigem Wasser.

5 Argási

Karte M2 ■ nahe Zákynthos-Stadt

Argási liegt südlich der Inselhauptstadt an der Ostküste von Zákynthos. Der lebhafte Ferienort hat sein historisches Flair bewahrt. Es gibt einige exzellente Tavernen.

6 Pórto Kamínia

Karte M2 ■ nahe Argási, Zákynthos

Der ruhige, nicht erschlossene Strand an der Südspitze von Zákynthos bietet eine schöne Aussicht auf die baumbestandene Landzunge.

7 Pórto Zóro

Karte M3 ■ Halbinsel Vassilikós, Zákynthos

Die faszinierenden Felsformationen machen den an der Ostküste gelegenen Strand für Schnorchler interessant. Pórto Zóro gehört zu den schönsten Stränden auf der Halbinsel Vassilikós.

8 Pórto Róma

Karte M3 ■ Halbinsel Vassilikós, Zákynthos

Der winzige Fischerhafen an der Südostküste von Zákynthos bietet einen kleinen Kiesstrand und einige Tavernen. Besucher genießen die ruhige Atmosphäre.

9 Gérakas

Karte M3 ■ Kap Gérakas, Zákynthos

Der wunderschöne Sandstrand an der äußersten Südspitze von Zákynthos gilt als der größte der Insel.

10 Vassilikós

Karte M3 ■ Halbinsel Vassilikós, Zákynthos

Vassilikós ist die größte Ortschaft auf der gleichnamigen Halbinsel. Sie bietet großartige Strände, an denen man hervorragende Bedingungen zum Schwimmen vorfindet.

Strand auf der Halbinsel Vassilikós

Sport & Aktivurlaub

1 Tauchen & Schnorcheln

An der zerklüfteten Küste von Zákynthos gibt es viele schöne Plätze zum Schnorcheln. Bei Tauchern sind die Höhlen von Kerí *(siehe S. 98)* und Kalamáki *(siehe S. 101)* beliebt.

Taucher an der Küste von Zákynthos

2 Wassersport

In den meisten großen Ferienorten kann man Wassersportarten wie Windsurfen, Wasserski- und Jetskifahren betreiben. Einschränkungen gelten für die Bucht von Laganás zum Schutz der Unechten Karettschildkröten *(siehe S. 98)*.

3 Segeln

Der geringe Tidenhub und der beständige Nordwind *maestro* machen das Meer um Zákynthos zum idealen Segelrevier. Die Insel bietet viele Ankerplätze. In Zákynthos-Stadt gibt es einen Yachthafen.

4 Archäologische Führungen

Die vielen historischen Stätten der Insel wie die venezianische Festung in Zákynthos-Stadt *(siehe S. 32)* und den Artemis-Tempel in Melinádo *(siehe S. 98)* kann man auf eigene Faust oder im Rahmen von geführten Ausflügen erkunden, die in vielen Ferienorten angeboten werden.

5 Radfahren

In den meisten Resorts kann man Tourenräder und Mountainbikes leihen. Das Terrain auf Zákynthos ist anspruchsvoll. Man sollte viel Trinkwasser und ein Handy mitführen.

6 Tierschutz

www.archelon.gr

Besucher können sich ehrenamtlich an Aktivitäten der Organisation ARCHELON beteiligen, die sich für den Schutz der Unechten Karettschildkröten einsetzt.

7 Reiten

Kleine Ställe und Reitschulen wie die Akrotiri Horse Riding Farm bieten die Möglichkeit, auszureiten. Einige Ställe liegen bei Laganás *(siehe S. 101)* und Alykés *(siehe S. 100)*.

8 Naturpfade

Zákynthos lässt sich auf ausgewiesenen Naturpfaden oder selbst geplanten Routen erkunden. Festes Schuhwerk, detaillierte Karten und viel Trinkwasser sind ein Muss.

9 Wandern

In der Nähe einiger Ortschaften gibt es Wanderwege. Mit detaillierten Karten kann man eigene Touren planen. Eine beliebte Strecke führt von Plános nach Alykés.

Badegäste an einem Strand

10 Schwimmen

Zákynthos' Strände bieten sichere Bedingungen, mancherorts fällt der Meeresboden jedoch steil ab. Im Allgemeinen sind die Strände an der Ost- und Westküste sicherer.

Siehe Karte S. 96f

Cafés & Bars

Banana Casa Playa

1 Banana Casa Playa

Karte M3 ■ Banana Beach, Halbinsel Vassilikós, Zákynthos ■ +30 26950 35160 ■ www.casaplaya.gr

In der schicken Strandbar mit wunderbarem Blick auf das Ionische Meer kann man den ganzen Tag über Drinks genießen.

2 Melon Bar

Karte M3 ■ Kalamáki, Zákynthos ■ +30 69381 98447

In der beliebten Bar kann man in entspannter Atmosphäre vollständige Mahlzeiten und erfrischende Cocktails genießen.

3 Bliss PoolBar

Karte L2 ■ Alykés, Zákynthos ■ +30 69922 66266

Die an einem herrlichen Swimmingpool gelegene Bar überzeugt mit exzellenter Küche, hervorragenden Cocktails und erstklassigem Service.

4 Seaside

Karte L3 ■ Laganás, Zákynthos ■ +30 0697 4758072

Das am Strand von Laganás gelegene Bar-Restaurant bietet Frühstück und kleine Mahlzeiten an. Die meisten Besucher kehren aber abends auf einen Cocktail ein.

5 Base Café

Karte L4 ■ Plateía Agíou Márkou, Zákynthos-Stadt ■ +30 26950 42409

In dem schicken, äußerst beliebten Café kann man Snacks, Cocktails und andere Drinks genießen.

6 Paradise Cocktail Bar

Karte L2 ■ Tsiliví, Zákynthos ■ +30 26950 23190

Die Cocktails in der netten Bar sind hervorragend. Außerdem locken Livemusik und weitere Unterhaltungsangebote.

7 Iguana

Karte M3 ■ Kalamáki, Zákynthos ■ +30 26950 22167

Ein Drink bei Sonnenuntergang lohnt sich wegen der herrlichen Aussicht und des Unthaltungsprogramms mit Livemusik, Karaoke und Fernsehern.

8 Thomas Elena Beach Bar

Karte M2 ■ Argási, Zákynthos ■ +30 69743 48431

Die Bar bietet eine große Auswahl an Drinks und Snacks. Am Strand stehen Gästen Sonnenliegen und -schirme zur Verfügung.

9 Planet Pub

Karte L2 ■ Tsiliví, Zákynthos ■ +30 26950 45106

In der zu einer Hotelanlage gehörenden Bar kann man zu guter Musik tanzen, im sanft beleuchteten Pool entspannen sowie Snacks und Cocktails genießen.

10 Olympic Bar

Karte L2 ■ Alykés, Zákynthos ■ +30 26950 83507

Die im zeitgenössischen Stil urig eingerichtete Bar serviert Frühstück und kleine Mahlzeiten. Sie bietet Cocktails und griechische Spirituosen wie *oúzo* und *tsípouro*.

Restaurants

Preiskategorien
Preis für ein Drei-Gänge-Menü pro Person mit einer halben Flasche Wein, inklusive Steuern und Service.

€ unter 30 € €€ 30–50 € €€€ über 50 €

1 Zakanthy

Karte M3 ■ Kalamáki, Zákynthos ■ +30 26950 43586 ■ €

Im Gastraum und im sanft beleuchteten Garten werden leckere Salate, Grillgerichte wie *souvláki* und andere griechische Speisen serviert.

2 Essence

Karte M3 ■ Kalamáki, Zákynthos ■ +30 69785 65232 ■ €€€

Das gehobene Restaurant verleiht klassischen Gerichten eine moderne Note. Auf der Speisekarte stehen auch *mezédes*. Zu jedem Gericht wird der passende Wein angeboten.

3 Flocas

Karte M2 ■ Argási, Zákynthos ■ +30 26950 24848 ■ €€

In dem schicken Café kann man zum Frühstück einkehren oder tagsüber kleine Mahlzeiten genießen.

4 Buon Amici

Karte M3 ■ Kalamáki, Zákynthos ■ +30 26950 22915 ■ €€

Das italienische Restaurant ist für innovative Küche bekannt. Das Angebot umfasst Seafood sowie Nudel- und Fleischgerichte.

***Pastisáda* – Nudeln mit Rind, Wild oder Huhn**

5 Dennis Taverna

Karte L3 ■ Lithakiá, Zákynthos ■ +30 26950 51387 ■ www.dennistaverna.com ■ €€

Die im Zentrum von Lithakiá gelegene Taverne ist seit 1976 in Familienhand. Sie überzeugt mit bodenständiger griechischer Küche.

6 M-eating

Karte L2 ■ Tsiliví, Zákynthos ■ +30 69820 43312 ■ Okt–Mai geschl. ■ €€

In dem modernen, hell eingerichteten Restaurant werden zu mediterranen und mexikanischen Speisen hervorragende Weine angeboten.

7 Zorbas

Karte L2 ■ Tsiliví, Zákynthos ■ +30 69441 79512 ■ €€

Die traditionelle Taverne mit steinernen Mauern im Gastraum und hübscher Terrasse bietet eine große Auswahl an griechischen Speisen. Spezialität sind Steaks vom Holzkohlegrill. Musik und Tanz sorgen für Unterhaltung.

8 Prosilio

Karte M4 ■ Agíon Pánton, Zákynthos-Stadt ■ +30 26950 22040 ■ Okt–Mai: Mo–Fr geschl. ■ www.prosiliozakynthos.gr ■ €€

In dem Lokal mit offener Küche kann man den Köchen bei der Zubereitung von klassischen Gerichten wie *souvláki* und *pastisáda* zusehen. Die Weinkarte ist hervorragend.

9 Panos

Karte L3 ■ Laganás, Zákynthos ■ +30 26950 52685 ■ €€

Spezialität des renommierten Restaurants ist *kléftiko* (Schmorgericht vom Lammfleisch). Die Zutaten für die angebotenen Speisen werden täglich frisch auf dem Stadtmarkt erworben. Es gibt eine hübsche Terrasse.

10 Premier

Karte L2 ■ Tsiliví, Zákynthos ■ +30 26950 22411 ■ €€€

Das beliebte Restaurant bietet griechische und internationale Küche. Die hervorragenden Gerichte werden wunderschön angerichtet.

Siehe Karte S. 96f

Reise-Infos

Café am Listón in der Altstadt von Korfu-Stadt

ΤΑ ΟΛΥΜΠΙΑ

Anreise & auf den Ionischen Inseln unterwegs

Anreise mit dem Flugzeug

Von Mitte April bis Anfang Oktober bieten **Lufthansa**, **Austrian**, **Aegean Airlines**, **Swiss** und andere Gesellschaften u. a. von Frankfurt am Main, Zürich und Wien Direktflüge zum Flughafen **Ioánnis Kapodístrias** auf Korfu an. Auch zu den Flughäfen **Dionýsios Solomós** auf Zákynthos und **Anna Pollátou** auf Kefaloniá bestehen direkte Verbindungen. Außerhalb der Hochsaison gelangt man mit Aegean Airlines und **Olympic Air** vom Flughafen **Elefthérios Venizélos** in Athen auf die Inseln.

Der Flughafen **Aktio** in Préveza bedient auch die Insel Lefkáda. Die Autofahrt von Prevéza auf die durch eine Brücke mit dem Festland verbundene Insel dauert weniger als 30 Minuten.

Anreise mit dem Schiff

Von Ancona, Brindisi, Bari, Venedig und anderen italienischen Hafenstädten bestehen häufige Fährverbindungen nach Korfu. Die großen modernen Schiffe bieten Swimmingpools, Kinosäle und andere Unterhaltungsmöglichkeiten. Für die 15 bis 20 Stunden dauernde Überfahrt kann man Kabinen erster und zweiter Klasse oder Liegesessel reservieren. Auf der Fahrt von Ancona nach Korfu genießt man schöne Ausblicke auf die Küsten von Kroatien, Montenegro und Albanien.

Von Igoumenítsa und Pátras auf dem griechischen Festland bieten mehrere Unternehmen Fährverbindungen nach Korfu. Fähren nach Kefaloniá legen u. a. in Pátras, Astakós und Kyllíni ab. Zákynthos erreicht man von Kyllíni aus. Von Korfu verkehren Fähren nach Paxós, Kefaloniá, Itháka und Zákynthos.

Tickets muss man in der Regel im Voraus erwerben. Die Fahrpläne der zahlreichen Anbieter wechseln monatlich. Bei der griechischen Reederei **Blue Star Ferries** kann man online buchen. Die Plattform **Greek Travel Pages** bietet aktuelle Fahrpläne, Informationen über die Inseln und Fährhäfen sowie die Möglichkeit zum Ticketkauf. Auf der Website kann man auch Unterkünfte auf den Ionischen Inseln buchen.

Die Ionischen Inseln liegen auf vielen Kreuzfahrtrouten. Große Schiffe legen in Korfu-Stadt und Zákynthos-Stadt an. Kleinere Kreuzfahrtschiffe laufen Paxós und Antípaxos, Vasilikí auf Lefkáda, Fríkes auf Itháka und Sámi auf Kefaloniá an.

Segelurlaubern bieten die Ionischen Inseln zahlreiche Yachthäfen und Ankerplätze.

Anreise mit dem Auto

Für die Anreise auf dem Landweg über Österreich bzw. Italien, Slowenien, Kroatien, Serbien und Nordmazedonien nach Griechenland benötigt man ca. 20 Stunden (reine Fahrtzeit).

Lefkáda ist vom griechischen Festland mit dem Auto zu erreichen, da eine Brücke auf die Insel führt.

Die zwischen den Ionischen Inseln verkehrenden Fähren transportieren meist keine Pkws. Wer mehrere Inseln mit dem Auto erkunden will, muss Verbindungen mit den großen Fähren zum Festland einplanen.

Busse

Fernbusse auf den Ionischen Inseln werden von **KTEL** (Koinó Tameío Eispráxeon Leoforeíon) betrieben. Die Website des Verbunds informiert über Linien und Fahrpläne. Für Mehrfachfahrten in Korfu-Stadt und zu nahe gelegenen Orten wie Dassiá, Ipsos und Benítses sind die Hefte mit fünf Tickets, die am Busbahnhof an der Plateía Saróko in Korfu-Stadt erhältlich sind, eine preiswerte Option. Auf Korfu verkehren zudem moderne, klimatisierte Fahrzeuge von **Green Buses**.

In größeren Ortschaften gibt es Stadtbusse sowie Fernbusse nach Athen, bei denen das Fährticket im Fahrpreis enthalten ist. Busbahnhöfe mit Informations- und Ticketschaltern befinden sich in den Hafenbereichen der Inselhauptstädte.

Hotels und viele andere Veranstalter bieten Bustouren zu Hauptsehenswürdigkeiten der Inseln an. Bei den Fahrten werden auf Band aufgezeichnete Informationen abgespielt. In einigen größeren Ferienorten fahren Minizüge zu den Sehenswürdigkeiten.

Taxis

Taxis sind auf den Ionischen Inseln in großer Anzahl vorhanden. Sie stehen selbst in den kleinsten Dörfern bereit. In den Hauptstädten gibt es Taxistände. Die Wagen sind mit Taxametern ausgestattet. In den Fahrzeugen ist üblicherweise eine Übersicht der geltenden Tarife und zulässigen Zuschläge am Armaturenbrett befestigt.

Taxis sind preiswert, bei längeren Strecken empfiehlt es sich jedoch, vorab den Fahrpreis auszuhandeln. Taxifahrer sind gesetzlich dazu verpflichtet, ihren Fahrgästen auf Anfrage eine Quittung auszuhändigen. Diese muss den Namen des Fahrers und die Registrierungsnummer des Taxis enthalten. Taxifahrten eignen sich hervorragend zur Inselerkundung, da die Fahrer viel zu erzählen wissen.

Auto

Für das Autofahren in Griechenland reicht der nationale Führerschein. Bei manchen Fahrzeugtypen ist der Besitz einer vor mindestens drei Jahren erworbenen Fahrerlaubnis Pflicht. Fahrer eines Mietwagens müssen mindestens 21 Jahre alt sein und eine Kreditkarte vorlegen. **Europcar**, **Sixt**, **Budget** und andere Mietwagenfirmen betreiben auf den Ionischen Inseln Filialen an den Flughäfen, in den großen Ferienorten und in einigen kleinen Ortschaften. Wer abgelegene Gebiete erkunden möchte, sollte auf Fahrzeuge mit Allradantrieb zurückgreifen. Gruppen können Kleinbusse mieten. In Dörfern und in den Bergen ist wegen der schmalen, unebenen Straßen Vorsicht geboten.

Fahrrad

Die Ionischen Inseln lassen sich gut mit dem Fahrrad erkunden. In den meisten Ferienorten kann man Tourenräder und Mountainbikes tageweise oder für längere Zeit mieten. Zu den renommierten Verleihfirmen zählen **S-Bikes**, **Rent a Bike Kefalonia** und **Podilatadiko – Zákynthos Cycling Center**. In den Fremdenverkehrsbüros der Hauptinseln sind Broschüren mit Tourenvorschlägen erhältlich. Einige der Routen sind kurz und leicht zu bewältigen, andere richten sich an erfahrene Radfahrer, da sie durch schwieriges Terrain oder über große Distanzen führen. Radfahrer sollten stets viel Trinkwasser und ein Handy mit vollständig geladenem Akku mitführen.

Flugreisen

Aegean Airlines
W aegeanair.com

Austrian
W austrian.com

Flughafen Aktio, Prevéza
W pvk-airport.gr

Flughafen Anna Pollátou, Kefaloniá
W kefaloniaairport.info

Flughafen Dionýsios Solomós, Zákynthos
W zth-airport.gr

Flughafen Elefthérios Venizélos, Athen
W aia.gr

Flughafen Ioánnis Kapodístrias, Korfu
W cfu-airport.gr

Lufthansa
W lufthansa.com

Olympic Air
W olympicair.com

Swiss
W swiss.com

Fähren

Blue Star Ferries
W bluestarferries.com

Greek Travel Pages
W gtp.gr

Busse

Green Buses
W greenbuses.gr

KTEL
W astikoktelkerkyras.gr

Mietwagen

Budget
W budget.gr

Europcar
W europcar.com

Sixt
W sixt.com

Radfahren

Podilatadiko – Zákynthos Cycling Center
W podilatadiko.com

Rent a Bike Kefalonia
W rentabikekefalonia.gr

S-Bikes
W cyclecorfu.com

Praktische Hinweise

Einreise

Griechenland gehört zum Schengenraum, für Bürger aus der EU und der Schweiz gibt es keine Formalitäten bei der Ein- und Ausreise. Es ist jedoch Pflicht, einen gültigen Personalausweis oder Reisepass mitzuführen. Kinder jeden Alters benötigen eigene Ausweisdokumente. Als Urlauber darf man sich bis zu 90 Tage in Griechenland aufhalten.

Bei der Einreise nach Griechenland auf dem Landweg sind auch die Bestimmungen und Vorschriften der Transitländer zu beachten. Reisende können sich vorab auf den Websites der **Außenministerien** ihrer Heimatländer informieren.

Zoll

EU-Bürger dürfen bis zu 110 Liter Bier, 90 Liter Wein, 60 Liter Schaumwein, 20 Liter Likörwein und zehn Liter Spirituosen zollfrei ein- und ausführen. Die Mitnahme von einem Kilogramm Tabak, 200 Zigarren, 400 Zigarillos und 800 Zigaretten ist ebenfalls gestattet. Die Ein- und Ausfuhr von Bargeld muss ab einer Höhe von 10 000 Euro angemeldet werden.

Für Hunde und Katzen muss ein EU-Heimtierausweis mitgeführt werden, der nachweist, dass das Tier gegen Tollwut geimpft ist.

Die Einfuhr von Waffen (auch Verteidigungssprays) und Rauschmitteln ist verboten und wird hart bestraft. Auch der unerlaubte Besitz und die versuchte Ausfuhr von archäologischen Gegenständen werden mit hohen Strafen belegt. Für den Erwerb und die Ausfuhr von Antiquitäten ist eine Genehmigung des **griechischen Kultusministeriums** erforderlich.

Reise- & Sicherheitshinweise

Aufgrund unvorhersehbarer Entwicklungen kann es zu Änderungen und Einschränkungen kommen. Aktuelle Informationen zur Einreise sowie Sicherheitshinweise finden Sie beim deutschen **Auswärtigen Amt**, beim österreichischen **Bundesministerium für europäische und internationale Angelegenheiten** oder beim **Eidgenössischen Departement für auswärtige Angelegenheiten** der Schweiz.

Versicherung

Mit der Europäischen Versicherungskarte (EHIC) genießen EU-Bürger auch in Griechenland Krankenversicherungsschutz. Der Abschluss einer Reisekrankenversicherung, die im Notfall auch den Rücktransport ins Heimatland abdeckt, ist empfehlenswert. Eine Reiserücktritts- und eine Gepäckversicherung sind ebenfalls sinnvoll.

Botschaften

Bei Problemen wie dem Verlust von Personalausweis oder Reisepass erhalten Reisende von den Botschaften und Konsulaten ihrer Heimatländer Unterstützung.

Gesundheit

Das griechische Gesundheitssystem besteht aus staatlichen Krankenhäusern, privaten Vertragskliniken des staatlichen Versicherungsträgers und reinen Privatkliniken. Der Standard der Einrichtungen variiert, in der Regel bieten staatliche Kliniken jedoch eine gute Versorgung. In den größeren Städten gibt es moderne Krankenhäuser mit Notaufnahmen, manchen sind Privatpraxen angeschlossen. Auf den kleinen Inseln sind medizinische Einrichtungen in der Anzahl und im Leistungsumfang geringer.

Adressen von Ärzten kann man in Hotels erfragen. Viele griechische Ärzte bestehen darauf, die Behandlung in bar bezahlt zu bekommen. Patienten erhalten eine Rechnung, die sie nach der Rückreise zur Erstattung einreichen können.

In einer Apotheke *(pharmakeío)* erhält man bei kleineren Beschwerden Beratung. Apothekenschilder weisen ein grünes Kreuz auf weißem Hintergrund auf. Wer spezielle Medikamente benötigt, sollte diese von zu Hause mitbringen. Auf Korfu erhält man unter der Telefonnummer 107 Informationen zu Apotheken, die Notdienst haben.

Vor allem im Sommer sollte man sich durch die

Aufnahme von reichlich Flüssigkeit gegen Dehydrierung schützen, Sonnenhut und Sonnencreme sind unverzichtbar. Vor allem nach Einbruch der Dunkelheit ist ein starker Mückenschutz sinnvoll.

Das Leitungswasser auf den Ionischen Inseln ist trinkbar, dennoch empfiehlt es sich wegen der zur Desinfektion zugesetzten Chemikalien auf in Flaschen abgefülltes Wasser zurückzugreifen.

Rauchen, Alkohol & Drogen

In öffentlichen Bereichen, einschließlich Restaurants, Cafés und Bars, herrscht Rauchverbot. Das Rauchen im Freien (z. B. auf Café-Terrassen) ist in der Regel erlaubt.

In Griechenland wird die Erregung öffentlichen Ärgernisses – vor allem nach starkem Alkoholkonsum – mit hohen Bußgeldern oder sogar Gefängnisstrafen belegt.

Der Besitz von Drogen kann ebenfalls eine Haftstrafe nach sich ziehen.

Ausweispflicht

Besucher sind dazu verpflichtet, stets ihren Reisepass oder Personalausweis mitzuführen.

Sicherheit

Die Ionischen Inseln sind ein sicheres Reiseziel. Ergreifen Sie dennoch die üblichen Vorsichtsmaßnahmen: Verwahren Sie Wertsachen im Hotelsafe und nicht im Auto. Melden Sie Diebstähle der Polizei; lassen Sie sich ein Protokoll für Ihre Versicherung aushändigen.

Wegen der Gefahr von Waldbränden bestehen im Sommer in einigen Gebieten Zutrittsverbote.

Die Griechen stehen allen Menschen aufgeschlossen gegenüber, unabhängig von deren ethnischer Zugehörigkeit und sexueller Orientierung. Homosexualität wurde in Griechenland 1951 legalisiert. 2015 wurde die eingetragene Lebenspartnerschaft für gleichgeschlechtliche Paare eingeführt. In ländlichen Gebieten werden öffentliche Zuneigungsbekundungen gleichgeschlechtlicher Paare wegen der konservativeren Grundhaltung zuweilen nicht gern gesehen.

Reisende mit besonderen Bedürfnissen

In Griechenland sind Hotels seit 2018 gesetzlich dazu verpflichtet, mindestens ein rollstuhlgerechtes Zimmer mit eigenem Bad zur Verfügung zu stellen. Allerdings kommen nicht alle Unterkünfte dieser Vorschrift nach. Manche Strände und die meisten Museen sind behindertengerecht, Letztere mit Informationen in Brailleschrift oder Audioguides bzw. induktiven Höranlagen. In den Städten gibt es an Straßenkreuzungen abgeflachte Bordsteine, Ampeln mit Blindensignalen sind selten. **Accessible Travel Greece** bietet behinderten Reisenden Informationen über einen Aufenthalt in Griechenland. Der **Bundesverband Selbsthilfe Körperbehinderter e. V.** liefert allgemeine Informationen.

Außenministerien

Auswärtiges Amt (Deutschland)
W auswaertiges-amt.de

Bundesministerium für europäische und internationale Angelegenheiten (Österreich)
W bmeia.gv.at

Eidgenössisches Departement für auswärtige Angelegenheiten (Schweiz)
W eda.admin.ch

Zoll

Griechisches Kultusministerium
W culture.gr

Botschaften

Honorarkonsulat Deutschland
Alexándras 12, 49132 Korfu
T +30 2661 049 874
W auswaertiges-amt.de

Honorarkonsulat Österreich
Alexándras 4, 49100 Korfu
T +30 2661 021 943
W bmeia.gv.at

Honorarkonsulat Schweiz
Dimokratías 3, 49100 Korfu
T +30 2661 056 798
W eda.admin.ch

Notfälle

Krankenwagen
T 112 oder 166

Polizei
T 112 oder 100

Feuerwehr
T 112 oder 199

Küstenwache
T 108

Behinderte Reisende

Accessible Travel Greece
W accessibletravel.gr

Bundesverband Selbsthilfe Körperbehinderter e. V.
W bsk-ev.org

Geld

In Griechenland gilt der Euro. Bankautomaten, an denen man rund um die Uhr mit Maestro-/girocard oder Kreditkarte und PIN Geld abheben kann, findet man in den Inselhauptstädten und in beliebten Ferienorten. In Dörfern und kleinen Ortschaften sind sie selten.

Die gängigen Kreditkarten werden in Hotels sowie in größeren Läden und Restaurants akzeptiert, auch kontaktloses Bezahlen ist weitverbreitet. Kleine Lokale und Läden bevorzugen oft Barzahlung. Melden Sie den Verlust Ihrer Kreditkarte sofort.

In Restaurants ist es üblich, 10 Prozent des Rechnungsbetrags als Trinkgeld zu geben. Bei Taxifahrten rundet man den Betrag auf. Den Gepäck- und Reinigungsservice im Hotel entlohnt man mit ein bis zwei Euro pro Gepäckstück/Tag.

Telefon & Handy

Die Vorwahl für Griechenland ist 0030. Für Korfu lautet die Vorwahl 266, für Kefaloniá 267, für Zákynthos 269. Bei Telefonaten innerhalb Griechenlands muss die Ortsvorwahl stets mitgewählt werden.

Für Gespräche von den Ionischen Inseln ins Ausland sind die Landeskennzahlen 0049 für Deutschland, 0043 für Österreich, 0041 für die Schweiz. Danach ist die Vorwahl ohne die 0 zu wählen.

Griechische Mobilfunknummern beginnen mit 69. Urlauber aus EU-Staaten telefonieren in Griechenland ohne zusätzliche Gebühren auf Basis ihres Mobilfunkvertrags. Besucher aus der Schweiz müssen Roaming-Gebühren bezahlen.

Internet

Auf den Ionischen Inseln verfügen nicht alle Privathaushalte über Internetzugang. In öffentlichen Gebäuden steht häufig WLAN zur Verfügung. In den meisten Hotels, Restaurants und Bars können Gäste den hauseigenen WLAN-Zugang gratis oder gegen geringe Gebühr nutzen.

Zeit

Die Differenz zwischen der in Griechenland geltenden Osteuropäischen zur Mitteleuropäischen Zeit beträgt plus eine Stunde. Von März bis Oktober wird auf Sommerzeit umgestellt.

Strom

Die Stromspannung beträgt in Griechenland 230 Volt bei 50 Hz Wechselstrom. Adapter für Steckdosen sind nicht notwendig, die üblichen Euro-Stecker mit zwei Pins passen immer.

Post

Mit dem Schriftzug *tachydromeío* gekennzeichnete Filialen der griechischen Post **ELTA** findet man in den meisten Dörfern und in allen großen Ortschaften. Sie haben meist von 7.30 bis 14 Uhr geöffnet, vor allem in den Dörfern variieren die Öffnungszeiten jedoch. Griechische Briefkästen sind gelb. Briefe und Postkarten an Ziele innerhalb der EU sind etwa fünf Tage unterwegs. Das Porto für einen Standardbrief beträgt 1 Euro.

Öffnungszeiten

Öffnungszeiten ändern sich in Griechenland oft kurzfristig ohne Vorankündigung.

Läden haben üblicherweise montags, dienstags, donnerstags und freitags von 8 bis 19 Uhr geöffnet, mittwochs und freitags schließen sie um 14 Uhr. Manche kleine Läden sind mittags für längere Zeit geschlossen.

Banken haben meist an Werktagen von 8 bis 14 Uhr geöffnet (freitags bis 13.30 Uhr). In Urlauberzentren gelten oft längere Öffnungszeiten.

Restaurants sind meist mittags von 11 bis 15 Uhr, abends von 19 bis 23 Uhr geöffnet. Die meisten Speiselokale haben einmal pro Woche Ruhetag.

Die Öffnungszeiten von Museen und archäologischen Stätten variieren – im Allgemeinen haben sie Dienstag bis Sonntag von 8 bis 15 Uhr geöffnet, im Sommer oft bis 19 Uhr.

Wetter

Auf den Ionischen Inseln herrscht im Frühjahr und Herbst mildes Klima. Die Sommer sind heiß, die Winter kalt. An den Küsten sinken die Temperaturen zwar selten unter 10 °C, in den Bergen fällt jedoch häufig Schnee. Die niedrigsten Temperaturen und die meisten

Niederschläge sind von Dezember bis Februar zu verzeichnen. Im Juli und im August, den wärmsten Monaten, liegt die Durchschnittstemperatur bei 26 °C, tagsüber steigt das Thermometer zuweilen auf über 40 °C. **Meteo** bietet Vorhersagen.

Information

Das griechische Fremdenverkehrsamt **GNTO** (Greek National Tourism Organization) betreibt Niederlassungen in Deutschland (Frankfurt am Main) und Österreich (Wien). Die Adressen sind auf der Internetseite von GNTO angegeben. Der Hauptsitz des Fremdenverkehrsamts befindet sich in Athen. Auf Korfu, Paxós, Lefkáda, Kefaloniá, Itháka und Zákynthos gibt es Filialen. Sie bieten Besuchern Karten und Informationsmaterial.

Die vom griechischen Kultusministerium betriebene Website www.odysseus.culture.gr informiert über archäologische Stätten, historische Bauwerke, Denkmäler und Museen.

Etikette

In Dörfern und ländlichen Gebieten wird die Tradition des Mittagsschlafs *(mikró ýpno)* gepflegt. Von 15 bis 17.30 Uhr sind geräuschvolle Tätigkeiten in öffentlichen Bereichen untersagt, selbst Telefonieren ist unerwünscht.

Nacktbaden ist nur in ausgewiesenen Bereichen gestattet. Sonnenbaden ohne Bikini-Oberteil wird vor von Familien frequentierten Tavernen nicht gern gesehen.

Beim Besuch von griechisch-orthodoxen Kirchen und Klöstern ist Knie und Schultern bedeckende Kleidung zu tragen. In den Gotteshäusern ist Fotografieren häufig verboten – erkundigen Sie sich vorab.

Sprache

Jüngere Griechen sprechen oft Englisch, vereinzelt beherrscht man in Griechenland Deutsch. Straßen sind in griechischer wie auch in lateinischer Schrift beschildert.

Der Sprachführer auf den Seiten 126 und 127 listet hilfreiche griechische Wörter und Sätze auf.

Mehrwertsteuer

Der griechische Mehrwertsteuersatz liegt bei 24 Prozent, in Tavernen bei 17 Prozent. Er ist in der Regel in den Preisen enthalten. Besucher aus Nicht-EU-Ländern können sich die Mehrwertsteuer für Einkäufe bei der Ausreise rückerstatten lassen.

Unterkünfte

Wer die Ionischen Inseln in der Hochsaison besuchen möchte, sollte das Hotel frühzeitig buchen. Vor allem in den Urlauberzentren steigen die Preise beträchtlich an. Kleinere, wenig beworbene Unterkünfte sind preiswerter. In der Nebensaison haben viele Hotels in Strandlage geschlossen.

Hotels, Pensionen und Unterkünfte für Selbstversorger werden von der **Hellenic Chamber of Hotels** nach Kriterien wie Zimmergröße, Ausstattung und Service mit Sternen bewertet. Kleine Hotels bieten oft nur Frühstück, große Häuser auch Halb- und Vollpension an. Unterkünfte für Selbstversorger reichen von einfachen Apartments bis zu Villen mit voll ausgestatteten Küchen. Viele Resorts auf Korfu, Kefaloniá und Zákynthos bieten All-inclusive-Urlaub.

Zahlreiche Websites wie www.expedia.de und www.opodo.de ermöglichen Preisvergleiche und Buchungen. Zuweilen lohnt es sich jedoch, die Buchung direkt beim Hotel vorzunehmen.

Kreditkartenverlust

Allg. Notrufnummer

+49 116 116

sperr-notruf.de

Post

Elliniká Tahydromía (ELTA)

elta.gr

Wetter

Meteo

meteo.gr

Information

GNTO

visitgreece.gr

Hotels

Hellenic Chamber of Hotels

grhotels.gr

Hotels

Preiskategorien

Preis für ein Doppelzimmer pro Nacht mit Frühstück (falls inklusive), Steuern und Service.

€ unter 100 € €€ 100–300 € €€€ über 300 €

Luxus- & Mittelklassehotels auf Korfu & Paxós

Bella Venezia

Karte P2 ■ Napoléontos Zampéli 4, Korfu-Stadt ■ +30 26610 46500 ■ www.bellaveneziahotel.com ■ €€

Das Hotel befindet sich in einem apricotfarbenen Herrenhaus, das einst einer der einflussreichsten Familien Korfus gehörte. Es bietet 31 elegante Zimmer und eine Bar, die einem britischen Pub ähnelt.

Kerkyra Blue Hotel N' Spa

Karte E5 ■ Alykés Potamoú, Korfu ■ +30 26610 24030 ■ www.louishotels.com ■ €€

Das Vier-Sterne-Hotel richtet sich vor allem an Familien. Auf der Anlage befinden sich Swimmingpools für Kinder und für Erwachsene, ein Kinderspielplatz, ein Kinderclub, Tennisplätze, ein 18-Loch-Golfplatz und mehrere Restaurants. Es stehen elf Familienzimmer zur Verfügung.

MarBella Corfu

Karte C3 ■ Agios Ioánnis, Korfu ■ +30 26610 71183 ■ www.marbella.gr ■ €€

Das umweltfreundliche Fünf-Sterne-Hotel kennzeichnet zurückhaltende Eleganz. Die Zimmer sind hervorragend ausgestattet. Zu der Anlage gehören ein Fitnesscenter, ein Spa, ein Swimmingool, ein Konzertsaal und mehrere Restaurants.

Paxos Beach Hotel

Karte B5 ■ Gáios, Paxós ■ +30 26620 32211 ■ www.paxosbeachhotel.gr ■ €€

Das nach dem Vorbild traditioneller Häuser aus Stein erbaute Hotel liegt an einer wunderschönen Bucht. Von der Terrasse des Restaurants genießt man herrliche Aussicht.

Corfu Palace

Karte P2 ■ Dimokratías 2, Korfu-Stadt ■ +30 26610 39485 ■ www.corfupalace.com ■ €€€

Das vornehme Hotel genießt weltweites Renommee. Es liegt inmitten prächtiger Gärten an der Bucht Ormos Garítsas. Die 115 Zimmer und Suiten sind mit Marmorbädern ausgestattet.

Grecotel Corfu Imperial

Karte C3 ■ Komméno, Korfu ■ +30 26610 88400 ■ www.grecotel.com ■ €€€

Die Halbinsel, auf der sich das Fünf-Sterne-Hotel befindet, ist in Privatbesitz. Von den Zimmern eröffnet sich ein wunderschöner Meerblick. Der Garten ist im italienischen Stil gestaltet. Auf der Anlage gibt es mehrere Restaurants und einen Ankerplatz für Yachten.

Pelecas Country Club

Karte C4 ■ Pélekas, Korfu ■ +30 26610 52918 ■ www.country-club.gr ■ €€€

Die luxuriöse Anlage umfasst ein restauriertes Herrenhaus aus dem 18. Jahrhundert, einige Nebengebäude, ein Sommerhaus und Stallungen.

Boutiquehotels auf Korfu & Paxós

Casa Lucia

Karte C3 ■ Sgómbou, nördl. von Korfu-Stadt ■ +30 26610 91419 ■ www.casa-lucia-corfu.com ■ €

Eine historische Olivenölmühle und deren Nebengebäude dienen heute Gästen als Unterkunft in ruhiger Lage. Die Häuser umgeben schöne Gärten.

Siora Vittoria

Karte P2 ■ Stefánou Pádova 36, Korfu-Stadt ■ +30 26610 36300 ■ www.sioravittoria.com ■ €

Das Haus wurde 1823 für die Familie Metaxás im venezianischen Stil erbaut. Die neun Zimmer zeigen schlichte Eleganz. Hochwertiges Leinen, Bademäntel und Luxus-Toilettenartikel gehören zur Ausstattung.

Zefiros

Karte B3 ■ Paleokastrítsa, Korfu ■ +30 26630 41244 ■ www.zefiroscorfuhotel.gr ■ €

Das Hotel wird seit 1935 von derselben Familie geführt. Es zeigt den Stil der 1930er Jahre. Die elf Zimmer sind geschmackvoll eingerichtet und bieten herrliche Aussicht.

Campingplätze auf Korfu

Dionysus Camping Village

Karte C3 ■ Dassiá, Korfu ■ +30 26610 91417 ■ www.dionysuscamping.gr ■ €

Der Campingplatz zählt zu den beliebtesten auf Korfu. Er bietet Bungalows, Zelte und schattige Stellplätze für Wohnwagen. Es gibt Duschen, einen Waschsalon, einen Supermarkt und ein Restaurant.

Camping Paleokastrítsa

Karte B3 ■ Paleokastrítsa, Korfu ■ +30 26630 41101 ■ €

Auf dem Platz übernachten Reisende mit Zelten oder Wohnwagen in schöner Landschaft. Duschen und Stromversorgung sind vorhanden. Es gibt einen Kinderspielplatz.

Luxus- & Mittelklassehotels auf Lefkáda

Grand Nefeli

Karte H2 ■ Vasilikí, Lefkáda ■ +30 26450 31378 ■ www.grandnefeli.com ■ €€

Das Hotel in dem bei Windsurfern beliebten Ort Vasilikí liegt, von Gärten umgeben, direkt am Strand. Es bietet Trainingsstunden für Gäste an, die das Windsurfen erlernen möchten.

Neion

Karte J2 ■ Kiáfa, nahe Aléxandros, Lefkáda ■ +30 26450 41624 ■ €€

Der in dem malerischen Dorf Kiáfa gelegene Komplex umfasst drei im inseltypischen Stil aus Naturstein erbaute Häuser mit hölzernen Fensterläden und offenen Kaminen. Die Gebäude wurden sorgfältig restauriert. Von der Terrasse des Restaurants eröffnet sich eine wunderschöne Aussicht auf die Landschaft.

Porto Galini

Karte J2 ■ Nikiána, Lefkáda ■ +30 26450 93290 ■ www.portogalini.gr ■ €€

Die im traditionellen Stil gestalteten Häuser der bezaubernden Anlage sind durch Fußwege miteinander verbunden. Es sind Sportplätze vorhanden. Kinder sind in dem Hotel herzlich willkommen.

Portofico Hotel

Karte H2 ■ Vasilikí, Lefkáda ■ +30 26450 31402 ■ www.portoficohotel.gr ■ €€

Das von einer Familie geführte Hotel am Strand Pónti in Vasilikí bietet 29 hübsch eingerichtete, gut ausgestattete Zimmer, einen Swimmingpool, einen Pool für Kinder und ein Restaurant. Alle Zimmer haben Balkone.

Captain Stavros

Karte J2 ■ Nydrí, Lefkáda ■ +30 26450 93333 ■ www.captainstavros-hotel.gr ■ €€€

Das in dem lebhaften Ort Nydrí gelegene Hotel verströmt puren Luxus. Die Form des Gebäudes ist einem Schiff nachempfunden. Die Ausstattung der Zimmer ist opulent, die Bar bezaubert mit einer Buntglasdecke. Es gibt einen wunderschönen Pool und eine große Terrasse.

Preiswerte Hotels auf Lefkáda

Eva Beach Hotel

Karte J2 ■ Nydrí, Lefkáda ■ +30 26450 92545 ■ www.evabeach.gr ■ €

Das am Strand gelegene kleine Hotel eignet sich für Familien. Hochstühle, Kinderbetten, ein Kinderspielplatz und ein Pool sind vorhanden. Läden liegen in Gehweite.

Ostria Hotel

Karte H1 ■ Agios Nikítas, Lefkáda ■ +30 26450 97300 ■ €

Die Pension liegt in dem wunderschönen Dorf Agios Nikítas hoch über dem Strand. Sie bietet zwölf Zimmer, ein Restaurant und eine im traditionellen griechischen Stil eingerichtete Bar.

Vliho Bay Suites & Apartments

Karte J2 ■ Geni, Ormos Vlichó, Lefkáda ■ +30 26450 95619 ■ www.vlihobay.com ■ €

Das südlich von Nydrí an einer hübschen Bucht gelegene Hotel ist im traditionellen griechischen Stil eingerichtet. Die Zimmer sind mit Klimaanlagen ausgestattet. Es gibt einen Swimmingpool.

Luxus- & Mittelklassehotels auf Kefaloniá

Apostolata Island Resort & Spa

Karte J6 ■ Skála, Kefaloniá ■ +30 26710 83581 ■ www.apostolata.gr ■ €€

Das erstklassige Hotel liegt an einem Hang mit Meerblick. Gästen stehen ein Spa und zwei Restaurants zur Verfügung.

Ionian Plaza Hotel
Karte G5 ■ Plateía Valliánou, Argostóli, Kefaloniá ■ +30 26710 25581 ■ www.ionianplaza.gr ■ €€
Das Hotel in einem klassizistischen Gebäude befindet sich im Zentrum von Argostóli an einem von Palmen beschatteten Platz. Abends füllen sich die Tische der Restaurants auf der Plateía mit Gästen. Die Zimmer sind im zeitgenössischen Stil eingerichtet und sehr gut ausgestattet.

Hôtel Méditerranée
Karte G6 ■ Lássi, Kefaloniá ■ +30 26710 28760 ■ www.mediterraneehotel.gr ■ €€
Das Hotel bietet Sportprogramme, Veranstaltungen für Kinder und »griechische Abende« mit Volksmusik und einheimischen Speisen. Von der Frühstücksterrasse genießt man eine wunderbare Aussicht auf die Halbinsel Palikí.

Porto Skála Hotel Village
Karte J6 ■ Agios Geórgios, Skála, Kefaloniá ■ +30 26710 83501 ■ www.portoskala.com ■ €€
Alle Häuser der nach Vorbild eines traditionellen griechischen Dorfs gestalteten Anlage bieten Meerblick. Es gibt ein Fitnesscenter, mehrere Pools, »griechische Abende« und Partys.

Emelisse Nature Resort
Karte H3 ■ Fiskárdo, Kefaloniá ■ +30 26740 41200 ■ www.emelisseresort.com ■ €€€
In der am Strand Emplysi gelegenen, von Zypressen umgebenen Anlage genießen Gäste luxuriöse Annehmlichkeiten wie Gourmetrestaurants, großzügige Fitnessbereiche und einen Infinity Pool.

Boutiquehotels auf Kefaloniá & Itháka

Alicelia Boutique Inn
Karte J4 ■ Odysséas Androútsou, Vathý, Itháka ■ +30 26740 33695 ■ www.alicelia-inn.gr ■ €
Die in Pastellfarben gehaltenen Zimmer des kleinen Hotels sind mit bequemen Betten ausgestattet. Die Familiensuiten bieten bis zu fünf Personen Platz.

Korina Gallery Hotel
Karte J4 ■ Tilémachou 4, Vathý, Itháka ■ +30 26740 33393 ■ www.korinahotel.com ■ €
Das kleine Hotel in einem inseltypischen Gebäude liegt in der Nähe des Hafens. Die luxuriöse Ausstattung des Hauses beinhaltet einen Swimmingpool und Whirlpools in einigen der Zimmer und Suiten.

Perantzada Hotel
Karte J4 ■ Odysséas Androútsou, Vathý, Itháka ■ +30 26740 33496 ■ www.perantzadahotel.com ■ €
Das Hotel am Hafen von Vathý beeindruckt mit schickem Design. In der Nachbarschaft liegen zahlreiche Restaurants und Bars. Die Zimmer haben Balkone und bieten Blick aufs Meer. Es gibt einen Pool. Für Hotelgäste stehen Wassertaxis bereit, die zu den nahe gelegenen Stränden fahren.

Fiscardonna Luxury Suites
Karte H4 ■ Fiskárdo, Kefaloniá ■ +30 26740 41353 ■ www.fiscardonna.com ■ €€
Satin, Samt, Marmor und vergoldete Accessoires prägen die Einrichtung des eleganten Hotels in einem Herrenhaus aus den 1860er Jahren.

F Zeen Retreat
Karte H6 ■ Lourdáta, Kefaloniá ■ +30 26710 31423 ■ www.fzeenretreat.com ■ €€
Die von prächtigen Gärten umgebene Anlage bietet 28 wunderschön eingerichtete Zimmer, zwei Pools, ein Spa und einen Fitnessbereich im Freien. Es finden u. a. Yogakurse statt. Zum Restaurant und zur Bar haben nur Hotelgäste Zutritt. Familien mit Kindern können in dem Resort keine Unterkunft buchen.

George Molfetas Museum Hotel
Karte H5 ■ Farakláta, Kefaloniá ■ +30 26710 84630 ■ www.kefaloniamuseumhotel.com ■ €€
Das Hotel befindet sich im einstigen Wohnhaus eines aus Kefaloniá stammenden Dichters. Die Zimmer sind mit Antiquitäten ausgestattet. Das Hotelrestaurant verwendet Bio-Zutaten aus regionalem Anbau.

Roí Boutique Suites
Karte H4 ■ Asos, Kefaloniá ■ +30 26740 51001 ■ www.apartmentsroi.com ■ €€
Die bezaubernden Zimmer des ruhig gelegenen Hotels mit blumengeschmücktem Innenhof

bieten Meerblick. Die Bars und Restaurants am Hafen kann man vom Hotel aus zu Fuß erreichen.

Thalassa

Karte G6 ▪ Lássi, Kefaloniá ▪ +30 26710 27081 ▪ www.thalassahotel.gr ▪ €€€

Das elegante Hotel ist von Argostóli aus gut zu erreichen. Es liegt nahe Makrís Gialós, einem der schönsten Strände der Insel. Die Einrichtung der Zimmer, die grandiosen Blick aufs Meer bieten, ist im minimalistischen Stil gehalten. Es gibt einen schönen Garten.

Luxus- & Mittelklassehotels auf Zákynthos

Diana Palace

Karte M2 ▪ Argási, Zákynthos ▪ +30 26950 23070 ▪ www.dianahotels.gr ▪ €€

Das Hotel mit 140 hübsch eingerichteten Zimmern liegt nicht weit von Zákynthos-Stadt entfernt am Strand von Argási. Zu den zahlreichen Einrichtungen gehören ein Minigolfplatz, ein Fitnesscenter und ein Kinderspielplatz.

Hotel Palatino

Karte M4 ▪ Kolokotróni 10, Zákynthos-Stadt ▪ +30 26950 27780 ▪ www.palatinohotel.gr ▪ €€

Das nur 100 Meter vom Strand entfernt gelegene Vier-Sterne-Hotel zählt zu den besten Hotels in Zákynthos-Stadt. Die Einrichtung der Zimmer ist elegant. Zum Haus gehören das Palatino Café und eine Cocktailbar.

Katerina Palace Hotel

Karte M2 ▪ Argási, Zákynthos ▪ +30 26950 26998 ▪ www.katerinapalace.com ▪ €€

Das Hotel mit 105 gut ausgestatteten Zimmern richtet sich vor allem an Familien. Alle Zimmer bieten schöne Aussicht auf die Landschaft oder aufs Meer. Es werden »griechische Abende« veranstaltet. Das Hotel ist nahe dem Strand und nahe Zákynthos-Stadt günstig gelegen.

Phoenix Beach Hotel

Karte L2 ▪ Tsiliví, Zákynthos ▪ +30 26950 22483 ▪ www.phoenixbeachhotel.gr ▪ €€

Das Hotel befindet sich am beliebtesten Strand von Tsiliví. Jedes Zimmer ist individuell eingerichtet. Der Empfangsbereich und das Restaurant sind äußerst elegant.

Mabely Grand Hotel

Karte K2 ▪ Kampí, Zákynthos ▪ +30 26950 41302 ▪ www.mabely.com ▪ €€€

Die Einrichtung des exzellenten Hotels zeigt schlichte Eleganz. Gäste speisen auf der Terrasse mit Blick auf das Ionische Meer oder in der traditionellen Taverne.

Mediterranean Beach Resort

Karte L3 ▪ Laganás, Zákynthos ▪ +30 26950 55230 ▪ www.medbeach.gr ▪ €€€

Das große moderne Hotel befindet sich an dem langen Sandstrand von Laganás. Mehrere Pools, ein hervorragend ausgestattetes Fitnesscenter und andere Freizeiteinrichtungen ermöglichen einen abwechslungsreichen Aufenthalt.

Boutiquehotels auf Zákynthos

Boutique Aparthotel Galini

Karte K1 ▪ Volímes, Zákynthos ▪ +30 26953 01018 ▪ www.boutiquehotelgalini.gr ▪ €

Der in der Berglandschaft im Norden von Zákynthos ruhig gelegene Komplex umfasst sechs im traditionellen Stil aus Stein erbaute Häuser und einen Pool mit Meerblick. Er bietet Selbstversorgern Unterkunft. Für die Fortbewegung außerhalb der Anlage ist ein Mietwagen erforderlich.

Nobelos Boutique Hotel

Karte K1 ▪ Agios Nikólaos, Zákynthos ▪ +30 26950 31400 ▪ www.nobelos.gr ▪ €€

Das in einem traditionellen Herrenhaus untergebrachte Hotel bietet vier luxuriöse Suiten, einen Privatstrand und ein Bio-Restaurant.

Porto Zante Villas & Spa

Karte L2 ▪ Tragáki, Zákynthos ▪ +30 26950 65100 ▪ www.portozante.com ▪ €€€

Auf der Anlage, die unter die besten Hotels in Griechenland gewählt wurde, kann man einen äußerst luxuriösen Aufenthalt verbringen. Die prächtigen Villen haben eigene Pools, im Spa werden über 20 Anwendungen angeboten. Für Gaumenfreuden sorgt u.a. das Maya Restaurant mit feinster asiatischer Fusionsküche.

Preiskategorien siehe S. 114

Textregister

Fett gedruckte Seitenzahlen beziehen sich auf Haupteinträge.

L

Bildnachweis & Impressum

Autorin
Die mit Preisen ausgezeichnete, bei der BBC ausgebildete Journalistin Carole French lebt auf Zypern und in Großbritannien. Sie lieferte Beiträge für mehrere Reiseführer.

Mitautor
Robin Gauldie

DK London

Lektorat
Georgina Dee, Vivien Antwi, Sophie Adam, Ankita Awasthi Tröger, Rachel Fox, Becky Miles, Rada Radojicic, Sally Schafer, Hollie Teague, Helen Peters

Überarbeitete Nachauflage
Ashif, Avanika, Shikha Kulkarni, Vagisha Pushp, Ankita Sharma, Anupama Shukla, Mark Silas, Priyanka Thakur, Penny Walker, Tanveer Abbas Zaidi

Gestaltung und Bildredaktion
Phil Ormerod, Tessa Bindloss, Stuti Tiwari, Vinita Venugopal, Taiyaba Khatoon, Ellen Root, Rituraj Singh

Kartografie
Jasneet Kaur Arora, Zafar-ul-Islam Khan, Suresh Kumar, Casper Morris

Herstellung
Jason Little, Igrain Roberts

Fotos
Barry Hayden

Bildnachweis
l = links; r = rechts; o = oben; u = unten; m = Mitte.

Wir haben uns bemüht, alle Copyright-Inhaber zu ermitteln. Sollte das in einigen Fällen nicht gelungen sein, bitten wir, dies zu entschuldigen. In der nächsten Auflage werden wir Versäumtes gern nachholen.

DK dankt folgenden Personen, Unternehmen und Bildarchiven für die Erlaubnis, Fotos zu reproduzieren:

123RF.com Panagiotis Karapanagiotis 4mr; mkos83 48ol

Alamy Stock Photo ART Collection 33mr, 35mo; Gary B 53mlu; Christopher Barnes 73mru; Steve Bentley 26ul, 87mlu; Classic Image 38mlu; Ian Dagnall 100mlo, 104ol; Greg Balfour Evans 34mlo, 42o, 52o, 96ol; PE Forsberg 12mlu; Stephen French 81mro; funkyfood London – Paul Williams 2ol, 8 – 9; Olga Gajewska 99ol; Greece by Andy Newman 27mr; John Henshall 20 – 21; Heritage Image Partnership Ltd 41ml; Stephen Hughes 24 – 25m; Constantinos Iliopoulos 54or, 76u, 80ul; imageBROKER 10mr; Will Ireland 4mru; Jeff Morgan 10 84ml; Jeff Morgan 13 30ul; Pawel Kazmierczak 3ol, 57ml, 60 – 61; David Kilpatrick 27ol, 32mlo; Shirley Kilpatrick 93mro; Hercules Milas 6ur, 11mro, 24ml, 43ml, 46ul, 77mlu, 89mr; Martino Motti 66ur; Remy Musser 16ul; Werner Otto 17ol; Nicholas Pitt 4mlu; Prisma Archivo 10ml, 34ur; Rolf Richardson 51mlu; robertharding 74mlo; Shopping/Peter Forsberg 56ol; David Tomlinson 67mru; Travel Pictures 69mro; Dimitris Vlassis 59or; Dimitris Vlassis 59or; Jan Wlodarczyk mu; Gary Woods 11ur.

Avalon Michael Owston 72ul.

AWL Images Robert Birkby 44ol, 64u; Matteo Colombo 11mr, 32 – 33; Neil Farrin 1, 18mr, 51u; Nick Ledger 63mru, 68o.

Depositphotos Inc kwasny222 85mr; netfalls 78u; rachwal 103mru.

Dreamstime.com Adisa 1, 28 – 29, 86 – 87; Amlyd 18ul; Calin-andrei Stan 15ol; Mila Atkovska 2or, 7or, 36 – 37, 45ml, 97ol, 102u; Beijing Hetuchuangyi Images Co. Ltd. 50ur; Yuriy Brykaylo 29ur; Ccat82 12mlo, 20ur, 49mru; Costas1962 16 – 17, 65mlo; Simon Dannhauer 20mlo; Davidzean 31ol; Paul Cowan 14 – 15; Tiberius Dinu 54mu; Dziewul 100ur; Elenasfotos 12 – 13, 14mlo; Fotomicar 26 – 27; Freesurf69 4u, 50o; Frizzantine 6mlu; Stoyan Haytov 11mo, 88u; Fritz Hiersche 98mlo, 101or; Anna Hristova 28ul, 76or; IrinaCharisma 33ul; Isselee 21mu; Panagiotis Karapanagiotis 4mlo,13mlu, 19ur; Karlosxii 10mru; Antonios Karvelas 25mro; Grzegorz Kordus 32mlu, 41or; Patryk Kosmider 48 – 49; Ksya 10ul, 19ol, 22 – 23; Lornet 63ol; Lucianbolca 4ml, 46o, 79ol, 79mru, 91o; Milosk50 10mro; Mkos83 30 – 31; Alexander Mychko 105mu; Nanookofthenorth 19m; Photostella 89ol, 90ur; Slasta20 75u; Smoxx78 40mo; Tupungato 21or; Tycoon751 55or;

Olena Vasylkova 59mlu; Vasilis Ververidis 90mlo; Vojtaheroutcom 47or; Dennis Van De Water 56u; Wojphoto 4o; Anton Zelenov 44–45; Donka Zheleva 45or; 58mlu.

Garbis 92ml.

Getty Images De Agostini/A. Garozzo 17mr; DEA Picture Library 38mr; Tim Graham 42mu; Hulton Deutsch 39ul; Imagno 39or; Keystone 35ul; Holger Leue 57or; David C Tomlinson 98–99; Tuul & Bruno Morandi 29ol.

iStockphoto.com David Callan 58o; cunfek 85o; duncan1890 40u; Alina latiuc 75ol; kwasny221 97ur; lucianbolca 25ol; milosducati 66ml; simonbradfield 82–83.

Maska Leather Workshop 70ml.

Savonnerie Patoúnis 43ur.

SuperStock age fotostock/Grant Rooney 3or, 13ol, 106–107; imageBROKER/imageb/Helmut Corneli 103mlo/Norbert Probst 64ml, 69ul; robertharding/Tuul 47mlu.

Taverna Agni 71u.

Umschlag

Vorderseite & Buchrücken:
Getty Images/iStock SCStock

Rückseite:
4Corners: Reinhard Schmid mru; **Alamy Stock Photo** Constantinos Iliopoulos ol; **Dreamstime.com** Tatiana Dyuvbanova mlo, Aleh Varanishcha ur.

Sheet Map

Getty Images/iStock SCStock

Alle anderen Bilder © Dorling Kindersley.

DK | Penguin Random House

Titel der englischen Orginialausgabe
DK Eyewitness Top 10 Corfu and the Ionian Islands

Aktualisierte Neuauflage 2024/2025

Verlagsleitung Monika Schlitzer
Programmleitung Heike Faßbender
Redaktionsleitung Stefanie Franz
Herstellungskoordination
Antonia Wiesmeier

Covergestaltung Roman Bold & Black, Köln

Übersetzung Barbara Rusch, München
Redaktion Birgit Walter, Augsburg
Schlussredaktion Philip Anton, Köln

Satz & Produktion DK Verlag
Druck Leo Paper Products Ltd, China

ISBN 978-3-7342-0799-0
3 4 5 6 26 25 24

FSC www.fsc.org MIX Papier | Fördert gute Waldnutzung FSC® C018179

www.dk-verlag.de

Sprachführer

Es gibt kein allgemein gültiges System, die griechische Sprache in lateinischer Schrift darzustellen. Das in diesem Sprachführer angewandte System hat sich jedoch bewährt. Der Akzent über einem Vokal zeigt an, welche Silbe betont wird.

Notfälle

Hilfe!	**Voítheia!**
Halt!	**Stamatíste!**
Rufen Sie einen Arzt!	**Fonáxte éna giatró!**
Rufen Sie einen Krankenwagen/ die Polizei/ die Feuerwehr!	**Kaléste to asthenofóro/ tin astynomía/ tin pyrosvestikí!**
Wo ist das/ die nächste Telefon/ Krankenhaus/ Apotheke	**Poú eínai to plisiéstero tiléfono/ nosokomeío/ pharmakeío?**

Grundwortschatz

Ja.	**Nai.**
Nein.	**Ochi.**
Bitte.	**Parakaló.**
Danke.	**Efcharistó.**
Entschuldigung.	**Me synchoreíte.**
Hallo/Guten Tag!	**Geiá sas!**
Auf Wiedersehen.	**Antío.**
Guten Morgen!	**Kaliméra!**
Guten Tag!	**Kaliméra!**
Guten Abend!	**Kalispéra!**
Gute Nacht!	**Kaliníchta!**
Vormittag	**proí**
Nachmittag	**apógevma**
Abend	**vrádi**
gestern	**chthés**
heute	**símera**
morgen	**avrio**
hier	**edó**
da	**ekeí**
Was?	**Tí?**
Warum?	**Giatí?**
Wo?	**Poú?**

Nützliche Wörter

groß	**megálo**
klein	**mikró**
heiß	**zestó**
kalt	**krío**
gut (Adj.)	**kaló**
schlecht	**kakó**
genug	**arketá**
gut (Adv.)	**kalá**
geöffnet	**anoichtá**
geschlossen	**kleistá**
links	**aristerá**
rechts	**dexiá**
geradeaus	**eftheía**
nah	**kontá**
weit	**makriá**
früh	**norís**
spät	**argá**
Eingang	**i eísodos**
Ausgang	**i éxodos**
Toilette	**i toualétes**
frei (kostenlos)	**doreán**
hinein/heraus	**mésa/exo**

Nützliche Sätze

Wie geht es Ihnen?	**Tí kánete?**
Sehr gut, danke.	**Polí kalá, efcharistó.**
Schön, Sie zu treffen.	**Chaíro polí.**
Wo ist/sind ...?	**Poú eínai ...?**
Sprechen Sie Deutsch?	**Miláte Jermaniká?**
Sprechen Sie Englisch?	**Miláte Angliká?**
Ich verstehe nicht.	**Den katalavaíno.**
Könnten Sie etwas langsamer sprechen?	**Miláte lígo pio argá parakaló?**

Shopping

Wie viel kostet das?	**Póso kánei?**
Haben Sie ...?	**Echete ...?**
Akzeptieren Sie Kreditkarten?	**Décheste pistotikéskártes?**
Wann öffnen Sie/ schließen Sie?	**Póte anoígete/ kleínete?**
teuer	**akrivó**
preiswert	**fthinó**
Größe	**to mégethos**
weiß	**lefkó**
schwarz	**mávro**
rot	**kókkino**
gelb	**kítrino**
grün	**prásino**
blau	**mple**
braun	**kafé**

Sightseeing

Fremdenverkehrsbüro	**o EOT**
archäologisch	**archaiologikós**
Kunstgalerie	**i gkalerí**
Strand	**i paralía**
byzantinisch	**vyzantinós**
Burg	**to kástro**
Kathedrale	**i mitrópoli**
Höhle	**to spílaio**
Kirche	**i ekklisía**
Volkskunst	**laïkí téchni**
Garten	**o kípos**
Park	**to párko**
Schlucht	**to farángi**
historisch	**istorikós**
Insel	**to nisí**
Bibliothek	**i vivliothíki**
Kloster	**moní**
Berg	**to vounó**
Museum	**to mouseío**
Straße	**o drómos**
heilige (-r, -s)	**ágios/ágii/ agía/agíes**
Platz	**i plateía**
Rathaus	**to dimarchío**
Hügel	**o lófos**
an Feiertagen geschlossen	**kleistó tis argíes**

Im Hotel

Haben Sie ein freies Zimmer?	**Echete domátia?**
Ich habe reserviert.	**Echo kánei krátisi.**
Doppelzimmer mit Doppelbett	**díklino me moná krevátia**
Doppelzimmer mit zwei Betten	**díklino me dipló kreváti**
Einzelzimmer	**monóklino**
Schlüssel	**to kleidí**
Zimmer mit Meerblick/ Balkon	**domátio me théa sti thálassa/mpalkóni**

Im Restaurant

Haben Sie einen Tisch frei?	**Echete trapézi?**
Ich möchte einen Tisch reservieren.	**Thélo na kratíso éna trapézi.**
Die Rechnung, bitte.	**Ton logariazmó parakaló.**
Ich bin Vegetarier.	**Eímai chortofágos.**
Kellner/Kellnerin	**kyrie/kyría**
Speisekarte	**o katálogos**
Gedeck	**to »couvert«**
Weinkarte	**o katálogos me ta oinopne-vmatódi**
Glas	**to potíri**
Flasche	**to mpoukáli**
Messer	**to machaíri**
Gabel	**to piroúni**
Löffel	**to koutáli**
Frühstück	**to proïnó**
Mittagessen	**to mesimerianó**
Abendessen	**to deípno**
Hauptgericht	**to kyríos gévma**
Vorspeise	**ta orektiká**
Nachtisch	**to glykó**
Bar	**to »bar«**
Taverne	**i tavérna**
Café	**to kafeneío**
Fischrestaurant	**i psarotavérna**
Grillrestaurant	**i psistariá**
Weinhändler	**to oinopoleío**
Restaurant	**to estiatório**
Kneipe	**to ouzerí**
Imbisslokal	**to mezedopoleío**
blutig	**eláchista psiméno**
halb durch	**métria psiméno**
durchgebraten	**kalopsiméno**

Speisen & Getränke

Kaffee	**o kafés**
mit Milch	**me gála**
schwarz	**skétos**
ohne Zucker	**chorís záchari**
etwas süß	**métrios**
sehr süß	**glykós**
Tee	**tsái**
Kakao	**zestí sokoláta**
Wein	**krasí**
rot	**kókkino**
weiß	**lefkó**
rosé	**rozé**
Wasser	**to neró**
Limonade	**i lemonáda**
Tintenfisch	**to ochtapódi**
Fisch	**to psári**
Käse	**to tirí**
Feta	**i féta**
Brot	**to psomí**
Bohnensuppe	**i fasoláda**
Gyros	**o gýros**
Türkischer Honig	**to loukoúmi**
Baklavás (Gebäck aus Blätterteig mit Nüssen)	**o mpaklavás**
Kléftiko (Schmortopf vom Lamm)	**to kléftiko**

Zahlen

0	**mithén**
1	**éna**
2	**dío**
3	**tría**
4	**téssera**
5	**pénte**
6	**éxi**
7	**eptá**
8	**ochtó**
9	**ennéa**
10	**déka**
11	**énteka**
12	**dódeka**
13	**dekatría**
14	**dekatéssera**
15	**dekapénte**
16	**dekaéxi**
17	**dekaeptá**
18	**dekaochtó**
19	**dekaennéa**
20	**íkosi**
21	**íkosi éna**
25	**íkose pénte**
30	**triánta**
40	**saránta**
50	**penínta**
60	**exínta**
70	**evdomínta**
80	**ogdónta**
90	**enenínta**
100	**ekató**
200	**diakóssia**
500	**pentakóssia**
1000	**chília**
2000	**dýo chiliádes**
5000	**pénte chiliádes**
1 000 000	**éna ekatommýrio**

Zeitangaben

eine Minute	**éna leptó**
eine Stunde	**mía óra**
eine halbe Stunde	**misí óra**
eine Viertelstunde	**éna tétarto**
halb eins	**dodeka kai misí**
Viertel nach eins	**mía kai tétarto**
zehn nach eins	**mía kai déka**
Viertel vor zwei	**dío pará tétarto**
zehn vor zwei	**dío pará déka**
ein Tag	**mía méra**
eine Woche	**mía evdomáda**
ein Monat	**énas mínas**
ein Jahr	**énas chrónos**

Wochentage & Monate

Woche	**evdomáda**
Montag	**deftéra**
Dienstag	**tríti**
Mittwoch	**tetárti**
Donnerstag	**pémpti**
Freitag	**paraskeví**
Samstag	**sávvato**
Sonntag	**kiriakí**
Monat	**mína**
Januar	**ianouários**
Februar	**fevrouários**
März	**mártios**
April	**aprílios**
Mai	**máios**
Juni	**ioúnios**
Juli	**ioúlios**
August	**avgoustos**
September	**septémvrios**
Oktober	**októvrios**
November	**noémvrios**
Dezember	**dekémvrios**

Ortsverzeichnis (Auswahl)